算数授業論究 XXI

算数授業研究 No.151

論究 「比例的に考える」子どもを育てる

JN103876

表紙解説 「造形日記／Molding Diary Ⅴ」　八洲学園大学教授　佐々木達行
主題・題名は「私の古着たち／The clothes which I ever wore」。私が嘗て着ていた衣服たち。今では古ぼけ，忘れ去られている。それらを見直してみると，その色や形，材質から懐かしい記憶が蘇ってくる。私の生活の痕跡の一部でもある。古着を切り取り，コラージュの手法で再構成した。日常のファッション生活を捉えた「造形日記」である。

特集　「比例的に考える」子どもを育てる

森本隆史

◆イギリスにて

2023年10月にケンブリッジ大学で，イギリスの先生方と交流をする機会をいただいた。そのときに，わたしは5年生の子どもたちのノートを見せながら，自分が日々行っている授業について紹介した。ある問題に対して，子どもたちがどのようなことを考えて問題を解決しようとしているかが，ノートを見ればある程度わかるからだ。（詳しくは「ケンブリッジ報告」に書かせていただいた。）

わたしが教えていた子どもたちのノートには，比例的に考えようとする跡がいくつかあった。例えば，数直線図をかいて，その関係について考える姿。二量を比べるときに，片方の量をそろえるため，一方の量を何倍かする姿など。そのような子どもたちの姿について語った後，日本の教科書ではどのような流れで「比例的推論」にかかわる内容が出てくるのかということについても少し触れた。

そのような流れの中で，現地の先生方からは，数直線図など，図のことについての質問が多く出た。

「子どもたちは何年生からこのような図をかいているのか」

「どうやったらこのように図をかいて考える子どもになるのか」

質問を聞きながら「イギリスには，日本のような数直線図はないんだな。子どもたちは，どうやって考えているのだろう」と，逆に疑問に思った。日本では，数直線図などの図が教科書に載っているので，あたり前のように，子どもたちが比例的に考えるためのものが示されているが，海外ではそれはあたり前ではない。そんなことを知るだけでも，自分としては，今回の交流は意味のあるものになった。

日本の子どもたちは，比例的に考えるための土台が，ある程度準備されているのだが。そんなことを思ったのである。

◆日本では

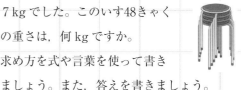

いす4きゃくの重さをはかると，7kgでした。このいす48きゃくの重さは，何kgですか。求め方を式や言葉を使って書きましょう。また，答えを書きましょう。

令和5年度の全国学力・学習状況調査に上のような問題が出た。伴って変わる二つの数量が比例の関係にあることを用いて，知りたい数量の大きさの求め方と答えを，式や言葉を用いて記述できるかどうかを問うている。このいすの問題では，はじめに5脚のいすを重ねたときのいすの高さを問うている。いす

の数といすの高さは比例関係になっていない。次に，式や言葉を用いて48脚のいすの重さを求める求め方を記述する。ただ単に，答えを求める問題よりは難しい。いすの数といすの重さに比例関係があることを，きちんと書く必要がある。

正答率は55.8％だった。この数値をよいと捉えるか，あまりよくないと捉えるのかはそれぞれの見解があると思う。しかし，自分のクラスの半分近くの子どもが，書けていないと思うと，「比例」ということをもっと意識させたいと思ってしまう。

「比例的に考える」子どもを育てるために，わたしたちにはどんなことができるのだろうか。そのことを考えるために，「比例的推論」について，理論をしっかりと学んでおきたい。特集では，はじめに「比例的推論」にスポットをあて，以下の内容について論じていただいている。

・「比例的推論」とは何か，なぜ大切なのか
・「比例的推論」と教育課程について
・下学年でどのように「比例的推論」の素地をつくるのか
・全国学力・学習状況調査の結果から見た「比例的推論」指導の問題点
・「比例が内在している」「比例を仮定している」ことを扱うときの留意点
・「比例的に考える」子どもが育つ授業の授業づくり
・数直線図を指導するときの問題点と改善点
・中学校の内容へのつながり

我々は授業の中で，「比例」という言葉をよく使っている。しかし，なぜ比例的に考えることが大切なのか。そもそも比例的推論とは，どのようなものなのか。しっかりと理論を学ぶために本書は役に立つだろう。

わたし自身，現在1年生の担任をしているので，下学年でどのように「比例的推論」の素地をつくるのかということは，とても興味がある。2年生になれば，かけ算の学習をする。例えば3×5という式が出てくる場面で，二量の関係の中に，子どもたちがどのように比例関係を見いだせばよいのかなど，知りたいことはいくつもある。

先ほど話題にあげたイギリスでの質問については，もしも，英訳ができるのであれば，ここに書かれている内容を一読すれば，十分納得のいく答えが書かれていると言えよう。

また，特集の後半には，子どもたちが「比例的に考える」授業の実践を載せている。

それぞれの学年で「比例」という言葉がついている単元での実践もあれば，単元名に「比例」とついていない単元の実践もかかれている。どの単元のどんな場面で比例的に考える子どもを育てることができるのか，読者の方にも考えていただくきっかけとなれば幸いである。さらに，理論も実践も小学校と中学校のつながりを考えたページもある。盛りだくさんである。

本書が読者の皆様にとって，「比例的に考える」子どもを育てるための理論と実践を兼ね備えた宝物の一冊になることを願っている。

Raising Children to Reason Proportionally

「比例的推論」はなぜ重要か

筑波大学人間系　**清水美憲**

❶ はじめに

　小児科病棟で働く経験豊かな看護師は，患者の命を預かる薬の調合で，どのような計算方法を用いているか。熟練した看護師が日々の業務で用いている調合方法が，「比例的推論」（Proportional Reasoning）と呼ばれる推論に基づいて巧みに行われていることを報告した著名な研究がある（Hoyles他, 2001）。

　1980年代後半から2000年代前半にかけて，日常生活や仕事の場面での数学的能力についての興味深い研究が多数報告された。このような研究は，学校で教えられる数学（「学校数学」）と，ある社会的状況や仕事の中で使われている数学（「街頭の数学」Street Mathematics）との差異を浮き彫りにして，学校外での子ども達や成人の有能さとともに，学校で教えられる数学の特異さとその課題を浮き彫りにした。比例的推論は，学校数学の様々な場面で力を発揮するに止まらず，学校外での人々の有能さをも支えている。

　上記の研究では，病院での長期にわたる参与観察に基づいて，看護師の日々の実践を分析し，彼らが用いる独特の計算方略を明らかにしている。計算の誤りが致命的な事態を引き起こしうる中，小児科病棟の看護師は，事前に教えられた調合方法よりもむしろ，実践の中で積み重ねた経験に基づいて，薬の種別，特定の分量，パッケージの仕方や現場での作業に結びついた比例的推論に基づいて，正しく計算を行っていることがわかった。重要なのは，看護師が薬の質量 M と体積 V との間の比例関係を利用しながら，薬の調合を巧みに運用していることである。

　本稿の主題である「比例的推論」は，小学校から高等学校までの学校数学の様々な場面で用いられ，算数・数学学習の根幹に位置する重要な能力である。また，上記の例のように，学校の「外」の身の回りの状況でも重要な役割を果たしている。

❷ 比例的推論とは何か

　「比例的推論」という用語は，算数科の学習指導要領やその解説等，我が国の行政文書では用いられていない。しかし，数学教育の主要研究領域で用いられる頻出用語で，特に，有理数，比，割合などとセットで用いられることも多い（例えば，Lamon, 2007）。それは，粗く言えば，異なる2種類の数量（集合）の間に成り立つ比例関係を前提として様々な形で用いられる推論を指す。

　いうまでもなく，比例は，2つの数量（集合）の間の一意対応としての関数であり，数

学的には，0ではない比例定数 a を用いて $y=ax$ の式で表現される。2量の関係の表現にグラフを用いれば，関数の線型性によって原点を通る直線として表現され，その直線の傾きが比例定数 a である。また，表の形で表現すれば，x の増分に対応する y の増分の比（変化の割合）が一定であることがみえる。

　算数科の授業では，乗除を用いる文章題の解決等で，この比例関係を利用した推論が頻繁に用いられている。Lamon（2007）は，このような比例的推論の用いられる問題群を，「比較問題」と「欠損値問題」の2つに分けて以下のように示している。

　　比較問題：問題に a，b，c，d の4つの数値が示されていて，$\frac{a}{b}$ と $\frac{c}{d}$ という比の大小関係を決定する問題

　　欠損値問題：$\frac{a}{b} = \frac{c}{d}$ という関係が成り立つ4つの数値のうち3つが問題で与えられ，残りの1つの数値を求める問題

　例えば，「4mが300円のリボンがあります。このリボン10mの値段はいくらですか」という問題（欠損値問題）がある。この問題では，リボンとその値段には比例関係があるものと仮定し，4mが300円なので，その半分の2mが150円であると考えて，$150 \times 5 = 750$ で750円と答えを求めることがある。

　実は，実際の買い物では，「たくさん買うと安くなる」のが普通であり，10m買った結果，値引きされて700円になるかもしれないが，ここでは比例関係を前提とするので，そのようなことは考えない。

❸ 前提としての乗法の構造

　算数科の数と計算領域の教科内容の中核に，乗法の構造に基づく学習内容が位置する。この乗法の数学的構造は，算数科の様々な教科内容に領域を超えて本質的に関わる。

　算数科の教科内容として登場する数と演算は，代数的構造の観点からみれば，整数環と有理数体を，零と正の数の範囲に制限して考える形になっている。この観点からみると，加法と乗法とは一つの集合の中で独立に定義される演算で，分配法則で関係づけられるものとして扱われることになる。

　さらに，第5学年の小数のかけ算の学習で扱う問題場面で最も明示的に扱われるように，2つの量の間に成り立つ比例関係を前提に，ベクトル空間（加群）におけるスカラー倍の意味で，かけ算を学習していることにもなる。この場面は，比例的推論が直接的に活用される文脈を提供するものである。

　算数科では，第2学年の九九や第3学年以降の整数や小数・分数の乗法・除法に止まらず，面積，割合や百分率，単位量当たりの大きさ，拡大図・縮図，比例・反比例等，重要な内容の学習が，いずれも乗法の構造に基づいている。子どもの学習上の困難点も，この乗法の構造に由来するものが多い。

❹ 「比例的推論」の守備範囲

　比例的推論が用いられる学習場面の典型は，乗法や除法で数の範囲を広げる場面である。

　例えば第5学年の小数をかけるかけ算における「意味の拡張」は，戦後の算数教育にお

いて，数学的な考え方の育成のための中核教材として重要かつ学習指導上の課題の大きな内容と位置づけられてきた（中島，1981）。この「意味の拡張」場面では，問題場面の2量の間に内在する比例関係に焦点化し，演算決定をしたり，計算方法を導出したりするので，比例的推論が重要な役割を果たす。

中村（1996）は小数の乗法の割合による意味づけの指導において，「1あたりの大きさは何か」や「比例する数量の関係は何か」を子どもに意識させることが大切である」（p. 10）と述べている。ここでは，二量の関係から一方を「1とみる」見方，そして比例関係にある2つの数量の関係について，子どもが理解することの重要性を指摘している。

一方，田端（2002）は，比例的推論を小学校から中学校へと系統的に指導することを念頭に，4年生を対象に比例的推論の指導を構想している。特に，田端は，問題に登場する数値が「1にあたる量」を示していないという特徴をもった問題を利用して，数直線を用いることで比例的推論を指導することを試みた。田端の実践についての報告では，「3 m 400円のリボンがあります。6 mではいくらですか」という問題を4年生が「6÷3＝2，400×2＝800」としている。

このように，カリキュラム上は，乗法の構造に基づく教科内容が中心的な位置を占める中で，児童に比例的推論の力が十分身についているかどうかが一つの論点になる。つまり，比例的推論の問題を，個別の教材の議論ではなく，カリキュラム全体の問題として受け止める必要がある。

全国学力・学習状況調査の結果でしばしば課題が指摘される内容として，小数や分数の概念と計算，割合の意味理解，単位量あたりの大きさの概念などがあるが，これらの学習においては，いずれも前提としての比例関係が重要な役割を担っている。そして，これらの内容の学習に先行する下学年の学習において，十分な基礎が身に付けられているかどうかを検討する必要が生じる。

❺ 比例関係の表現としての数直線

比例的推論の力を伸ばす指導では，それに相応しい問題場面と学習過程を準備するための教材解釈が求められる。また，2つの数量の間の比例関係を表現する表現方法が重要である。これまでにも様々な教材解釈や学習指導の方法が提案されてきたが，その一つは，数直線を2量の関係モデルとして，数量関係をいわば「外から」捉え直すことである。

具体的には，第5学年の小数のかけ算の場面で，整数の場合に「同数累加」の意味で学ばれるかけ算の意味を見直して，新しい意味（定義）をどのように確認するかが重要である。

これについては，問題場面における二量の比例関係から導かれる演算の意味を小数倍として顕在化する方法，その理解のための視覚的モデルとしての数直線の役割を生かして学習指導を展開する研究が進められてきた。

2つの数量の間に内在する比例関係を，いかに明示的に意識化するかが重要である。

❻ 比例的推論の基礎

比例的推論は，小数や分数の乗除法が登場し，割合や単位当たりの大きさなど2量の関係が明示的に扱われる上学年の内容に依拠して研究されるのが通例である。しかし，下学年にも比例的推論の発達の素地となる活動場面や比例的推論の基礎を提供する学習経験が様々に考えられる。

先行研究（Laman, 2007）では，比例的推論が用いられる場面での具体的な手法（方略）として，以下のようなものが提案されている。

・ユニット化（問題場面の数量をある数量に揃えて比較すること。欠損値問題の場合には，与えられた3つの数値のどれもが揃える対象になりうる）

・ノルム化（一方の比がもう一方の比のいくつ分に当たるかを調べること）

・分割すること（問題場面の数量を，等しい割合を保ったままいくつかに分割して捉え直すこと）

例えば，下学年の「測定」では，このような手法を用いる場面がしばしば見られる。

このような児童の用いる手法の観点から見て，加藤・日野ら（2022）のグループによる下学年における比例的推論の素地の学習に関する研究が注目される。児童がどのような学習経路（trajectory）を通って比例的推論を身につけていくかを子どもの実態から明らかにして，授業の構想を行う研究である。この研究では，例えば，「余りのある割り算」や「重さの単位と測定」の単元で，比例的推論を利用する子どもの方法を分析している。

❼ おわりに

比例的推論は，従来，小数や分数，小数のかけ算，割合の指導等，特定の文脈での学習に焦点が当てられてきた。しかし，この比例的推論の重要性から見ると，このような明示的に指導が意図される学習内容のみならず，学年を跨いで，また領域を超えて，児童の実態を把握し，学習指導の改善を図る必要がある。さらに，数学教育における教育課程の研究の重要な一分野として，下学年から中学校数学までを視野に入れつつ，カリキュラムレベルでの議論の展開が必要である。

引用・参考文献

Hoyles, C., Noss, R. & Pozzi, S. (2001) Proportional Reasoning in Nursing Practice. Journal for Research in Mathematics Education, 32 (1), 4-27.

Lamon, S. (2007) Rational Numbers and Proportional Reasoning: Toward a Theoretical Framework for Research. In F. Lester (ed.) *Second Handbook of Research on Mathematical Teaching and Learning.* NCTM, Information Age Publishing.

加藤久恵・日野圭子他（2022）「小学校下学年における比例的推論の基礎を形成する授業に向けた学習軌道の探究」日本数学教育学会第10回春期研究大会論文集，233-270.

中島健三（1981）『算数・数学教育と数学的な考え方』金子書房.

中村享史（1996）「小数の乗法による意味づけ」日本数学教育学会誌，78 (10)，7-13.

田端輝彦（2002）「算数教育における比例的推論の役割」日本数学教育学会第35回数学教育論文発表会課題別分科会発表収録，130-137.

Raising Children to Reason Proportionally

比例的に考えることと教育課程について

宇都宮大学　日野圭子

❶ はじめに

本稿では，比例的に考えることが教育課程にどのように位置づいてきたか，また，現在位置づいているかを述べる。それらを受けて，「比例的推論」の視点から考察を行う。

❷ 若干の歴史的背景

比例的に考えることは，これまでも割合の概念や関数的な考えと密接に関わりながら，日本の学習指導要領に位置づいてきた。ここでは幾つかの特徴を掻い摘んで述べる。

昭和33年（告示）:「数量関係」領域が第3学年から設けられた。その中の1つに「割合」の項目があり，第4学年から割合，比の用法，比例等の指導が取り入れられた。島田・中島（1960）は，"割合の考えを用いることと，比例関係に目をつけることとが，表裏の関係にある"（p. 125）と述べて両者の関係を強調した。

昭和43年:算数・数学の創造に重要な役割をもつアイデアとして，集合の考えや関数の考えが重視された。「割合」の項目はなくなり，「関数」の項目が登場し，A＋B＝CやA×B＝Cで表される関係における変化と不変，比例を用いて問題を効果的に解くこと等が扱われた。「割合」で示されていた乗法の意味等は「数と計算」領域に，百分率等は「数量関係」の「統計」の項目に移行した。

昭和52年:基礎的・基本的内容への精選が行われ，割合や比の内容は第5・6学年で集中的に扱われるようになった。

平成元年:数理的な処理のよさに関わって，単位量当たりの大きさに着目して明瞭，的確に捉えたり，比例のアイデアを生かして手際よい処理の仕方に気付いたり等，進んで生活に生かす態度の育成が重視された。

平成10年，20年:「算数的活動」が登場すると，比例的に考えることも算数的活動を通して位置づくようになった。また，平成20年には，式，図等を用いての思考力，判断力，表現力を重視するため，低学年から「数量関係」の領域を設けて充実を図った。

現行学習指導要領では，従前の「数量関係」領域の内容を，新たに第4〜6学年に設けた「変化と関係」と「データの活用」に移行した。これにより，比例や割合に関わる内容は，「変化と関係」領域に位置づくことになった。そこには，事象の変化や関係を捉えて問題解決に生かす力を，算数科における資質・能力として重視していることがある（文部科学省，2018ａ）。下学年においても，数や図形等の考察で，関係や変化に注目する場面を素地指導の機会として重視すべきことが述べられている（p. 41）。

❸ 教育課程における比例の関係の学習

比例の関係の学習は，数量関係の中核の1つとして，現在の教育課程に位置づいている。

知識の側面を辿ってみると，小学校第5学年で，簡単な場合の比例の関係が扱われ，「比例」という用語が導入される。ここでは，"表を用いて，一方が2倍，3倍，4倍，…になれば，それに伴って他方も2倍，3倍，4倍，…になる二つの数量の関係について知る"（文部科学省，2018a，p. 262）ことが扱われる。

第6学年では，比例の意味として以下の3つが挙げられる（p. 301）。更に，比例の関係を表す式が，③の商を a とすると $y = a \times x$ というかたちで表されることや，グラフが，原点を通る直線で表されることも扱われる。

> ① 二つの数量 A，B があり，一方の数量が2倍，3倍，4倍，…と変化するのに伴って，他方の数量も2倍，3倍，4倍，…と変化し，一方が $\frac{1}{2}$, $\frac{1}{3}$, $\frac{1}{4}$, …と変化するのに伴って，他方も，$\frac{1}{2}$, $\frac{1}{3}$, $\frac{1}{4}$, …と変化するということ。
> ② ①の見方を一般的にして，二つの数量の一方が m 倍になれば，それと対応する他方の数量も m 倍になるということ。
> ③ 二つの数量の対応している値の商に着目すると，それがどこも一定になっているということ。

比例の関係の学習は，中学校第1学年でも行われる（文部科学省，2018b）。小学校との違いの1つは，小学校では正の数のみが対象であるが，中学校では変域が負の数にまで拡張されることである。また，小学校では比例を表す式は，表やグラフによる表現と同等の扱われ方であるが，中学校では，式によって比例の定義がなされる。即ち，比例は，一般的に a を比例定数として，$y = ax$ という式で表される関係であることを学習する。

比例の関係の学習は，思考・判断・表現等においては，関数的な考えを問題解決に生かすことに関わる。関数的な考えは以下の過程を含んでいる（文部科学省，2018a，p. 63）。

・ある場面での数量や図形についての事柄が，ほかのどんな事柄と関係するかに着目する。
・二つの事柄の変化や対応の特徴を調べていく。
・上述のようにして見いだした変化や対応の特徴を，様々な問題の解決に活用するとともに，その思考過程や結果を表現したり，説明したりする。

比例に関わっては，問題場面で伴って変わる2量に着目し，それらの変化や関係の特徴から比例の関係にあることが分かったり，比例と見なす意思決定がなされたりすれば，比例の特徴を用いて，未知の数量を求めたり数量同士を比べたりできることが学ばれる。

❹ 比例的に考えることの位置づけ

上記のように，比例の関係の学習は小5〜中1に位置づくが，比例的に考えることは，これらの内容や学年だけに留まらない。ここでは発展や基礎を含め，教育課程における幾つかの内容について見てみたい。

(1) 中学校以降において

中学校第1学年以降に目を向けると，第2学年で学習される一次関数は比例の学習の発展として位置づけられている。比例の関係は，一次関数 $y = ax + b$ の特別な場合である。また，変数 x の値が x_1 から x_2 まで変化すると，それに伴って変数 y の値も y_1 から y_2 まで変化するとき，変化の割合 $\left(\frac{y_2 - y_1}{x_2 - x_1}\right)$ に着目がなされる。一次関数では変化の割合は常に一定で a に等しい。これは一次関数の特徴であり，グラフが直線になることを意味する。第3学年では関数 $y = ax^2$ について学習する。y

算数授業研究，2024，No.151　　*9*

$=ax^2$は「yはxの2乗に比例する関数である」とみることができる（aは比例定数と呼ばれる）。このように中学校では，学習する関数の軸として比例の関係が位置づいている。

高等学校では，数学Ⅰで一般の二次関数を扱い，二次関数の学習は更に広がっていく（文部科学省，2019）。取り出した2つの数量について変化や対応の様子を考察したり，予測したりすることも，関数の学習において継続して重視される。更に，数学Ⅱでは，微分係数や導関数の意味が学習される。ここでは，変化の割合における (x_2, y_2) を (x_1, y_1) へと連続的に近づけることで，関数 $f(x)$ の与えられた x の値における微分係数へとつなげていく。x の値を微分係数 x' へ対応づける導関数は，微分法・積分法の理解の基礎となる。

(2) 小学校上学年において

これらの学年では，③で述べた内容の他にも，比例の関係が前提とされる内容が少なくない。「数と計算」領域における，小数や分数の乗除法の意味に関わるところはその1つである。例えば，第5学年の小数の乗法の意味では，これまでの整数の乗法を，乗数が小数の場合にも用いることができるようにしていく。ここでは，小数を含んだ乗法の意味を，「基準にする大きさ（B）」の「割合（p）」に当たる大きさを求める操作B×pとしてまとめていく（文部科学省，2018a，p. 239）。解説書には，1mの長さが80円の布を2m買ったときの代金が80×2で表せることから，0.8m，2.5m買ったときの代金も80×0.8，80×2.5で表すことができることが述べられている。この例では，布の長さと値段とが比例するように，整数以外の長さについても値

段を決めている。整数の乗法の意味の拡張の説明において，2量の間の比例の関係が前提となっている。

「変化と関係」領域では，「ある二つの数量の関係と別の二つの数量の関係を比べること」に関して，第4学年では簡単な割合が，第5学年では単位量当たりの大きさ，割合，百分率が，第6学年では比が学習される。解説書には以下のように述べられている。

"ある二つの数量の関係と別の二つの数量の関係とを比べるとは，A，Bという二つの数量の関係と，C，Dという二つの数量の関係どうしを比べることである。比べ方には大きく分けて，差でみる場合と割合でみる場合があるが，ここでは，割合でみる場合を扱う。二つの数量の関係どうしを割合でみて比べる際には，二つの数量の間の比例の関係を前提としている。"（文部科学省，2018a，p. 218）

すなわち，これらの内容はすべて，比例の関係にある2量に関わっている。

例えば，簡単な割合における例に「平ゴムAとB」の伸びの比較がある。「伸び」はゴムの質を数値化した内包量であり，平ゴムの種類によって異なる。すなわち，平ゴムAという種類が同じである以上，「もとの長さ」が何cmであっても「伸びた長さ」は，「もとの長さ」によって決まる。この決まり方は，10cmが30cmまで伸びる，20cmが60cmまで伸びる，30cmが90cmまで伸びる，……という「もとの長さ」と「伸びた長さ」の間の比例の関係が前提となっている。「もとの長さ」と「伸びた長さ」の間の割合が変わらないため，割合（平ゴムAは3倍に伸びる）で比べることができることになる。

簡単な割合は第5学年における割合につな

がる。割合の例としてよく挙げられる「シュートのうまさ」においても，10回中6回入る，20回中12回入る，…等，「全シュート数」と「入ったシュート数」の間の比例の関係を前提として，「うまさ」という質が数値化されている。速さや人口密度等の単位量当たりの大きさでは，異種の2つの量の割合として捉えられる量を比べることの意味が扱われる。ここでも，一方を揃えて他の量で比較する方法を用いる上では，2つの数量の間に比例の関係があるという前提に基づく。更に，第6学年で学習する比でも，比の相等の意味において，2つの数量の間に比例の関係があることが前提とされている。

（3）小学校下学年において

比例の関係が導入される前ではあるが，下学年でも変化や対応に関する素地的な学習が行われている（文部科学省，2018a，p. 214）。「数と計算」領域において，ものとものを対応付けること，1つの数を他の数の和や差，あるいは，積としてみることが扱われている。かけ算九九の学習で，乗数が1ずつ増えるときの積の増え方等への着目もなされている。また，比例や，それに基づく割合では，2量の関係を乗法的に捉えることがなされる。その基礎としての学習も行われている（p. 217）。例えば，乗法や除法の意味に関して，整数を用いた倍の意味について扱っている。分数の意味においても「もとの大きさの$\frac{1}{2}$」等を指導している。また，「測定」の領域においても，測定の意味として，単位の幾つ分であるかを捉えることをしており，2量の間の乗法的な見方が扱われている。

❺ 「比例的推論」の視点からの考察

「比例的推論」は，伴って変わる2つの数量の間の比例の関係に基づく様々な推論を意味する。数学教育では，「比例的推論」は初等数学の冠石かつ高等数学の礎石として以前より重視されてきた（Lesh et al., 1988）。上述してきたように，比例的に考えることを大切にする日本の教育課程は，様々な内容の学習を通して「比例的推論」を育てていこうとしているとも捉えられる。一方，「比例的推論」の研究からは，学校教育を通してその力が育っているかについての疑問も継続している（例，Lamon, 2020）。日本の教育課程においても，子どもたちの「比例的推論」を育てることをより強調するのであれば，個々の内容の前提にある比例の関係への注目をどう促すか，子どもたちが推論する機会をどう充実させていくか，下学年において比例的推論の基礎をどう作っていくか等が，よりいっそう探究される必要があると思われる。

【引用・参考文献】

国立教育政策研究所教育研究情報データベース：学習指導要領の一覧．https://erid.nier.go.jp/guideline.html

Lamon, S. J. (2020). *Teaching fractions and ratios for understanding* (4th ed). Routledge.

Lesh, R., Post, T., & Behr, M. (1988). Proportional reasoning. In J. Hiebert, & M. Behr. (Eds.), *Number concepts and operations in the middle grades*. The National Council of Teachers of Mathematics.

文部科学省（2018a）．小学校学習指導要領（平成29年告示）解説　算数編．日本文教出版．

文部科学省（2018b）．中学校学習指導要領（平成29年告示）解説　数学編．日本文教出版．

文部科学省（2019）．高等学校学習指導要領（平成30年告示）解説　数学編　理数編．学校図書．

島田茂，中島健三（編）（1960）．数量関係の指導．金子書房．

Raising Children to Reason Proportionally

求めたい数量と対応づける
もう一つの数量の存在と構成を意識させよう。

宮城教育大学　市川　啓

❶ はじめに

比例的推論は，言うまでもなく比例関係を用いた推論である。Vergnaud（1994）は，比例的推論で用いられる二つの乗法的な関係を，Scalar ratios と Functional rates として区別している。（図1）

【図1】Scalar ratios と Functional rates

比例的推論では，ややもすると Scalar ratios を用いた推論だけが注目されがちであるが，2つのタイプの比を用いた推論があることに留意し，どちらの比を用いた推論の進展も促したい。

❷ 下学年における比例的推論の基礎形成のためのポイント

2年生で乗法，3年生で除法を学習するがそれらの学習が未習であると想定したとき，比例的推論の概念的基礎の形成のために，どのようなことが大切だろうか？

筆者は，比例的推論が2量に関わる推論であることに着目することが重要であると考えてる。まず求めたい数量と対応するもう一つの数量（これを手がかりの数量と呼ぶことにする）を想定できるようにすることが大切である。加減法では，一量（求めたい数量のみ）の推論になりがちである。ただし「どんぐりが50こあります。今日30こひろいました。あわせてなんこになりましたか」のような問題場面に対し，50＋30と立式し，計算の仕方を考える場面では，10を1と見ることが行われる。「1とみる1」は求めたい数量と対応づいたもう一つの数量である。そして，「10のまとまりの個数」というもう一つの数量を5＋3というように再構成して，それが8あることから，それに対応する求めたいどんぐりの個数は80であると結論づける。1と見たり，見た数を5＋3＝8のように構成し，それに対応するどんぐりの個数を80と求めていく。

このように，手がかりの数量を構成し，求めたい数量と対応づけて求めたい数量を再構成できるようにすることが比例的推論の概念的基礎の形成のポイントであると考える。

これらのことを具現化することを意図して開発した1年生と2年生の授業を紹介し，どのように概念的基礎の進展を想定したか述べていきたい。

❸ 比例的推論の素地形成のための実践の開発 ～1年　10までの数の合成分解～

ここでは，算数導入期における10までの数の合成分解を題材にして開発した授業（市川・成澤・髙橋・工藤，2023）を紹介する。

（1）問題場面と中心的な活動

□人でじゃんけんをしたとき出した指の合計をが○本になるようにするには，一人一人がどのような手を出せばよいかを考える。例えば「3人じゃんけんあわせて4」だとしたら，二人がチョキを出して，後の1人がグーをだせばよいとわかる。

指の本数を固定し，人数を固定して出す手を考えたり，指の本数を固定し，何人だったら，指定された指の本数となる組合せができ

るかを考えていく。例えば「あわせて6じゃんけん」だったら，二人ではできなくて，三人がチョキを出せばできるとなる。そして，指の数をだんだんと増やしていきながら，この事象に関する探究を進めていく。

(2) この活動によって育成が期待できる比例的推論の素地

① 2や5を1と見ることを促し，composed unit を形成することを経験させる。

　グーは0，チョキは2，パーは5を表す。一人一人によって，それぞれのじゃんけんの手が出される。2や5は，まとまり（unit）として捉えられる。そしてその2や5には一人つまり1が張り付いている。つまり，2本と1人という数量同士がバッチして（2本，1人）や（5本，1人）というような最も素朴な composed unit（Lobato et al, 2010）を形成していると見ることができる。

　求めたい数量は指の本数であるが，それと対応づいた人数という数量を想定できるようになるのである。

② 2量を調整する力を伸ばす

　以下は，「3人じゃんけんあわせて7」を考えていた場面において，パー・チョキ・チョキという手が出されたという状況に続くプロトコールである。対象は国立大学附属小学校1年生，授業実施時期は，6月中旬。授業者は成澤結香里先生である。子どもの名前は全て仮名である。

ひなの：あの，チョキふたつあってどっちか消さないと123456789になっちゃうから（略）

【図2】

でこれ（右のチョキ）を減らすと，（といいながら右のチョキを剥がして，右によける）

T：どけた場所に点線でチョキをかく。

中略【図3】

ひなの：へらすと7まで戻るから，ここまで減らすと（略）あったら9になるけど，なければ7になる。

【図3】

中略

T：ということは多くなっちゃったらどうするの。

C（複数人）：減らす。

T：（へらすと板書）

C：でもへらしたら二人になっちゃうよ！

T：そうか。

ここみ：でも，ここ（点線のチョキの場所を指して）をグーにかえればいいよ。

中略【図4】

T：指の数は減

【図4】

らしても人の数は減らさないから，ここをグーにすればいいんだね。

　この場面では，指の本数と人数という2つの数量の調整が子ども達によって行われた。

　チョキを1つ減らせば，指の本数を条件に合わせることができることに同意していた子ども達であったが，そうしたとき人数が条件に合わなくなることに気付いた子どもの出現により，チョキのかわりにグーを出すことによって指の本数と人数の両方を条件に合わせる解決へとすすんでいった。

　このように状況設定を工夫することで，算数導入期の1年生でも，2つの数量を想定して推論したり，2量を調整しようとする学びが成立する。

　0をたす加法の意味を理解する学習場面は，工夫次第で2量を調整する絶好の学習機会と

なる。

❹ 素地形成のための実践の開発　その2 ～2年　かけ算の導入～

ここでは市川・成澤（2021）が開発した，乗法の導入における比例的推論の素地を形成する実践を紹介しよう。

(1) 問題場面と設定の意図

「生活科で訪れた山のふもとの売店を想起させ，お店の人になったつもりで飲み物を買いに来たお客さんに代金を伝えよう」という場面を設定した。

商品として提示したものは，スポーツドリンク，サイダー，オレンジジュース，コーラ，お茶の5種類でそれぞれの値段を全て130円とした。

(2) 活動の系列とその意図

① 問題場面を提示する。

ジュースの種類と本数を直観的に把握し，それまでに求めた事柄との比較がしやすいように，色別のカンを模した掲示物を作成し，提示した（図5）。「代金」に対応するもう一つの数量「本数」の構成を支援することを意図した。

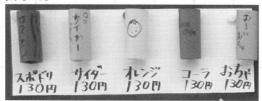

【図5】提示した飲み物の種類と値段

② 1本の代金を確認し，2本（お茶（緑缶）とコーラ（赤缶））の代金を求める

③ 3本の代金を求める

ⅰ お茶とオレンジとコーラの代金を求める。
　＊「お茶とコーラ」の代金が260円になることを直前に求めているので，お茶とコーラで260円であることを活かし，それにオレンジジュースの値段を加えて代金を求めることを期待した。

ⅱ スポーツドリンク2本とお茶の代金を求める。

＊ⅰと買った種類は違ったとしても，2本で260円であることを用い代金を求めることを期待した。

また，買った飲み物の種類は違っても，本数は同じだから，ⅰと同じになる解決を期待した。それにより，最終的には代金は本数で決まることへの意識化を図ることをねらった。

④ 5本の代金を求める

スポーツドリンク2本とオレンジジュース3本の代金を問う。飲み物の種類に着目しながら2本の代金と3本の代金の和を求めたりするなど，全ての子どもが5本を任意の本数の和として構成し問題解決することを期待した。

【図6】2つの数量の構成と対応を意識した板書

⑤ 4本の代金を求める

オレンジジュース4本の代金を問う。全て同じ種類の飲み物にすることにより，本数4の構成を子どもの見方に委ねる。1本のバラが4つあると見る子どももいれば，2本が2セットとみる子ども，3本と1本の和と見る子どもも出ることを期待する。直前に5本の代金を求めているため，（5本の代金）−（1本の代金）として求める方法も考えられる。

いずれにしても「乗数に関わる数量」の構成が巧みになることを期待した。

⑥ お店の人はなぜ素早く代金を言えるのかその秘密を店先にあった張り紙をもとに考える。

図7の写真は，子ども達が実際に訪れた山寺の売店のジュースが入っていた冷

【図7】店先の掲示物

蔵庫に貼ってあった掲示物である。この写真を見ながら，お店の人が代金を素早く伝えることができる秘密を考えさせる。その活動を通して，飲み物の種類に関係なく1本の値段が同じときは，本数が決まれば代金が決まること，このような対応表が作ってあればすぐに代金が言えることに気づかせたい。Functional rates の素地となることを期待する。

⑦　まとめ　本時を振り返り，まとめを行う。

（3）この活動によって育成が期待できる比例的推論の素地

ジュースの種類は違えど，1本の値段が同じならば，本数が決まれば代金が決まることを大切にしたい。本数と代金の関係への着目は，Functional-rates につながっていく。

求めたい数量と対応づいたもう一つの数量の構成が巧みになることは，自在なユニット化，ノルム化を促進すると考えられる。

さらには，（○本，□円）という composed unit の使用により，○本あたり□円という「比率」の観念の進展が期待できる。

❺　おわりに

本稿では，下学年年における比例的推論の概念的基礎の形成について検討した。比例的推論で用いられる乗法的関係を Vergnaud（1994）をもとに，Scalar Ratios と Functional rates の2つに大別し，両方の関係を用いた推論が大切であることを述べた。

その上で，下学年において比例的推論の概念的基礎を形成するためには，比例的推論が2量に関わる推論であることに着目することが重要であることを指摘した。まず求めたい数量と対応するもう一つの数量（これを手がかりの数量と呼ぶことにする）を想定できるようになることが大切である。次に手がかりの数量を意図的に構成し，求めたい数量と対応づけて，求めたい数量を再構成できるようになることが下学年における比例的推論の概念的基礎の形成のためののポイントであることを述べた。

これらのことを具現化することを意図して開発した1年生と2年生の授業を紹介すると共に，進展を期した概念的基礎の側面について述べた。

1年生の実践では，場面が1と見ることを促進し，「指の本数」と「人数」という二つの数量をバッチして composed unit を形成できることを示した。また，二量を調整する学習の機会を提供できることも示した。

2年生の実践では，「本数という手がかりの数量」の構成に対応する「金額という求めたい数量」の再構成の活動を示した。さらに Functional rates への進展の方向性も示した。

付記

・本研究は，JSPS 科研費（課題番号：21 K 02593）同（課題番号：20 H 01671）の助成を受けている。
・本稿はこれまでに発表したいくつかの論文を組合せ再構成し，題目に合わせてまとめたものである。

引用・参考文献

市川啓・成澤結香里（2021）．比例的推論の進展を意図した乗法の導入の授業開発．日本数学教育学会第9回春期研究大会論文集．71-78．

市川啓・成澤結香里・高橋丈夫・工藤優（2023）．小学校1年生の児童の unit 化の進展を促す学習活動の開発と進展の様相．日本科学教育学会第47回年会論文集 pp.37-40

Lobato, J., Ellis, A. B., Charles, R. I., & Zbiek, R. M. (2010). *Developing essential understanding of ratios, proportions, and proportional reasoning for teaching mathematics in grades 6-8.* Reston: The National Council of Teachers of Mathematics.

Vergnaud, G. (1994). Multiplicative conceptual field: What and why? In G. Harel & F. Confrey (Eds.), *The development of multiplicative reasoning in the learning of mathematics* (pp. 41-59). Albany: State University of New York Press.

「比例」に関わる問題の一考察

国立教育政策研究所教育課程調査官　笠井健一

2つの量に比例関係があるとき，乗法や除法が用いられる。実際，「一方の量xが2倍，3倍，4倍，…になると，もう一方の量yもいつでも2倍，3倍，4倍，…になるとき，yはxに比例している」と言うが，このとき$y \div x$は一定になる。そこで定数をaとすると$y = a \times x$と表せる。言い換えると，小学校では，2つの量があるかけ算やわり算の場面が低学年から示されるが，その場合は，その2つの量に比例関係があることになる。児童が問題場面が比例を使った考えを用いることができるかどうかを判断し，判断できた場合は，かけ算やわり算を用いて問題解決ができるようになることは大切である。

本稿では，全国学力・学習状況調査の小学校算数の問題の中で，比例に関わる問題を挙げ，問題点を探りたい。

表1は，比例に関わる問題の中で主なものを一覧に示したものである。これらの問題の中から，以下紙面の許す限り検討していく。

平成二十九年度の算数Aの大問1（1）の問題の正答率は97.0％である。例えば，1m当たりの値段が60円のとき2mの代金は60×2で求められる。そのわけは，かけ算の意味に基づいて1m当たりの代金の2つ分あるからと考えることもできるが，長さが2倍

なら代金も2倍になるからと比例を用いて考えることもできる。どちらの考えでもこの問題は解くことができるので正答率が高いと考えられる。

リボンの長さ(m)	1	2	3
リボンの代金(円)	60	?	?
1m当たりの代金	60	60	60

1

1mあたりの値段が60円のリボンを何mか買います。そのときの代金の求め方を考えます。

(1) リボンを2m買ったときの代金はいくらですか。また，リボンを3m買ったときの代金はいくらですか。それぞれ答えを書きましょう。

令和三年度の算数の大問1（2）の正答率は，86.8％である。1分当たりの道のりは割り切れず分数で表すしかない場面である。

道のり(m)	500		1000
時間(分間)	7		?
1分当たりの道のり			

(2) たけるさんたちは，駅から7分間歩いたところで，「博物館まで1000m」や「駅まで500m」と書いてある看板を見つけました。

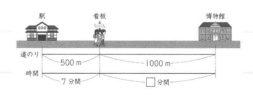

500mを7分間で歩く速さで歩き続けると，1000mを歩くのに何分間かかりますか。
答えを書きましょう。

500mを7分間の速さで歩き続けるという

ことは，次の500ｍも７分かかると捉えれば答えを求めることができる。道のりが２倍になれば時間も２倍かかるとなる場面である。

平成三十年度の算数Ａの大問７（2）の問題の正答率は，55.9％である。イの3.14を選んだ反応率が27.8％である。この問題では，実際の直径の長さや円周の長さは示されていないことと，円周の長さは，直径の長さに比例すると捉えづらいことなどから，この

ような正答率になったと考えられる。

表1　全国学力・学習状況調査における比例に関わる問題（主なもの）

問題番号	問題の概要	評	形	正答率	絵図表	2量
H29A①(1)	（1ｍあたりの代金が60円の）リボンを2ｍ買ったときの代金と3ｍ買ったときの代金を書く	知	短	97.0%	なし	長さ 代金
H30A①(1)	（0.4ｍの重さが60gの）針金0.2ｍの重さと針金0.1ｍの重さを書く	知	短	63.2%	図	長さ 重さ
H30A⑦(2)	円の直径の長さが2倍になったとき，円周の長さが何倍になるかを選ぶ	知	選	55.9%	なし	長さ 長さ
H31③(4)	（0.6ｍのリボンの代金が180円で，1ｍ当たりの代金を求める式が180÷0.6のとき）1800÷6は，何ｍ分の代金を求めている式といえるのかを選ぶ	知	選	47.1%	図	長さ 代金
H31④(1)	だいたい何分後に乗り物券を買う順番がくるのかを知るために，調べる必要のある事柄を選ぶ	思	選	82.8%	絵	人数 時間
H31④(3)	（３ボールで９分かかるとき）残り７ボール分進むのにかかる時間の求め方と答えを記述し，24分間以内にレジに着くことができるかどうかを判断する	思	記	62.8%	絵図	個数 時間
R3①(2)	500ｍを歩くのに７分間かかることを基に，1000ｍを歩くのにかかる時間を書く	思	短	86.8%	図表	長さ 時間
R4①(3)	カップケーキ７個分の値段を，1470÷3で求めることができるわけを書く	思	記	76.1%	絵表	個数 代金
R4②(3)	果汁が含まれている飲み物の量を半分にしたときの，果汁の割合について正しいものを選ぶ	知	選	21.6%	絵図	かさ かさ
R4②(4)	果汁が30%含まれている飲み物に果汁が180mL入っているときの，飲み物の量の求め方と答えを書く	思	記	48.3%	絵表	かさ かさ
R5①(3)	椅子４脚の重さが７kgであることを基に，48脚の重さの求め方と答えを書く	思	記	55.8%	絵	個数 重さ

評：評価の観点　　　知：知識・技能　　　思：思考・判断・表現

形：問題形式　　　選：選択式　　　短：短答式　　　　記：記述式

円の直径の長さ		2倍	
円周の長さ		?倍	
円周率	3.14		3.14

(2) 下の文の ☐ にあてはまるものを考えます。

> 円があります。この円の直径の長さを2倍にします。
> このとき、直径の長さを2倍にした円の円周の長さは、もとの円の円周の長さの ☐ 倍になります。

上の文の ☐ にあてはまるものを、下の ア から エ までの中から1つ選んで、その記号を書きましょう。

ア 2

イ 3.14

ウ 4

エ 6.28

　以上の問題は2倍に関わる問題である。単に2倍の大きさを求める問題の正答率は高いが、具体的な数量が示されていない問題の場合、その場面が比例として捉えられていないと正答率が低くなることが分かる。1当たりの大きさが示されている場合より示されていない場面の方が難しいことも分かる。

　平成三十一年度の算数の大問4 (3) の問題の正答率は、62.8%である。また、7ポール分の時間21分を求めることができた反応率は、67.9%である。この問題は、3ポールから7ポールへ何倍になっているかを考えると $\frac{7}{3}$ 倍となることから、1ポール当たりの時間が3分であることを基に解決することを期待している問題である。（問題省略）

進むのにかかる時間(分間)	9	?
ポールの数　　　（ポール）	3	7
1ポール当たりの時間		

　令和四年度の算数の大問2 (4) の問題の正答率は、48.3%である。また、答えを600と正しく答えられている反応率は、81.1%で

ある。果汁の量と飲み物の量が比例していることは表によって丁寧に示されていて、答えの導き方も、100 mL の6倍、200 mL の3倍、300 mL の2倍などと複数用意されていることから答えを求めることは相当するの児童ができているが、そのことを記述することは苦手であると考えられる。（問題省略）

果汁の量(mL)	30	60	90	180
飲み物の量(mL)	100	200	300	?
果汁の割合(%)	30	30	30	30

　令和五年度の算数の大問 (3) の正答率は、55.8%である。また、答えを正しく求めることができた反応率は、61.7%である。この問題は4脚から48脚へ12倍になっていることを基に解答してもよいし、椅子1脚当たりの重さを求めることを基に解答してもよい。椅子の重さは椅子の数に比例することは、この問題には丁寧に示されていないので、そのことを生活経験から導き問題を解決する必要がある。

椅子の重さ　　　　(kg)	7	→	?
椅子の数　　　　（脚）	4	→	48
1脚当たりの重さ　(kg)			

(3) いす4きゃくの重さをはかると、7 kgでした。
このいす48きゃくの重さは、何kgですか。
求め方を式や言葉を使って書きましょう。また、答えも書きましょう。

　以上、比例関係が表に示されている場合は、正答率が高いが、表が示されていない場合はそれほど高くないことが分かる。

　これまでは、比例を用いて量が大きくなる場合を求める問題であったが、次に量が小さくなる場合を求める問題について考える。

平成三十年度の算数 A の大問 1 （1）の問題における正答率は，63.2％である。この割合は 0.2 m と 0.1 m の両方の重さを求められた児童の割合である。0.2 m の重さのみを求めることができた反応率は，74.8％であった。

1

0.4 m の重さが 60 g の針金があります。
この針金について，次の問題に答えましょう。

60 g
0.4 m

（1）針金 0.2 m の重さは何 g ですか。また，針金 0.1 m の重さは何 g ですか。それぞれ答えを書きましょう。

針金の長さが 0.4 m から 0.2 m，0.1 m へと $\frac{1}{2}$，$\frac{1}{4}$ になるとき，重さも $\frac{1}{2}$，$\frac{1}{4}$ になることの理解は，平成二十九年度の算数 A の大問 1 （1）の問題の 2 倍，3 倍になるときとは大きく異なることが分かる。この問題との違いは，2 倍と 3 倍の大きさ求めることと，$\frac{1}{2}$ と $\frac{1}{4}$ の大きさを求めることに違いがあることと，問題場面に示された長さが 1 m なのか，0.4 m なのかの違いがあることである。これらのことから，この問題の方が正答率が低かったと考えられる。

また，この問題では，0.4 m が 60 g であることの図が示されている。この図をもとに，長さが 0.2 m になったときのことを想像し，長さが半分になったから，重さも半分になったと捉えてほしいと考えていた。授業でも問題場面を言葉で示すだけでなく，絵や図を用いて，問題場面の理解を図る指導が行われているからである。

実際には，0.2 m が 0.4 m の半分と捉えられなかった児童であっても，60÷0.4 で 1 m のときの重さを 150 g と計算してから，その後 150×0.2 と 0.2 m 分の重さを計算した児童もいると考えられる。

針金の重さ(g)	？	？	60
針金の長さ(m)	0.1	0.2	0.4
1m当たりの重さ(g)			

令和四年度の算数の大問 1 （3）の正答率は，76.1％である。この問題は，カップケーキの個数が $\frac{1}{3}$ になると代金も $\frac{1}{3}$ になると捉えることがポイントだが，児童にとっては，個数と代金という比例していることが捉えやすい場面であったことで正答率が高くなっていると考えられる。（問題と表　省略）

令和四年度の算数の大問 2 （3）の問題の正答率は，21.6％である。なお，選択肢 1 と答えた反応率は，67.7％である。生活経験に基づいて考えれば，飲み物の量を半分にしても果汁の割合は変わらないことはすぐに分かると考えられるが，飲み物の量が $\frac{1}{2}$ なので果汁の割合も $\frac{1}{2}$ だと安易に捉えてしまったものと考えられる。また，500 mL のときの果汁の量を 500×0.2 で 100 mL と求め，飲み物の量が半分になったら果汁の量も半分になるので，250 mL の果汁の割合を 100÷250 と計算して 20％であることも確認できる。

（問題省略）

果汁の量　（mL）			
飲み物の量(mL)	250	←1/2	500
果汁の割合(%)		←？	20

以上のことから，2 倍，3 倍と考える場合の方が，$\frac{1}{2}$，$\frac{1}{3}$，$\frac{1}{4}$ と考える場合より理解しやすいことが分かる。

比例に関する事象を整理する視点と指導上の留意点について

東京学芸大学　清野辰彦

❶ はじめに

　事象を数理的に捉え考察する能力と態度の育成は，時代が変わっても，継続的に重視されている算数教育の目標である[1]。事象には，現実の事象と数学の事象があるが，双方の事象に対して，数理の視点から考察しようとする態度とそれが実現できる能力の育成が求められている。数理の視点としては様々あるが，本号では，事象を「比例」という数理で捉えていく学習指導について追究している。

　比例は，2量間の関係を表す概念である。2量間の関係を表す概念は様々あるが，比例は，単純であるため，最も活用される概念である。そこで，算数の学習では，比例を用いて推論する比例的推論を進展させるとともに，比例を仮定して，問題解決する能力の育成を目指す。本稿では，比例に関する事象を扱う際の指導上の留意点について考察する。

❷ 先行研究における比例に関する事象

　ある事象に関する問題を解決する際には，問題解決に有効な変量を見出すとともに，対象となっている変量（従属変数）と見出した変量（独立変数）の間の関係を考え，その関係を用いて探究が行われていく。その際，見出した2つの変量において，一方が，2倍，3倍，4倍，……になれば，他方も2倍，3倍，4倍，……となっているとき，変量間の関係としては比例が用いられる。しかしながら，数学の事象ではなく，現実の事象の場合には，通常，2つの変量の間の関係が比例ではなく，比例と仮定することによってはじめて，問題解決が行われる。このように，事象の特性によって，比例を活用する際の思考や活動も変わってくる。事象の特性については，以下の中島（1981）の論考が参考になる。

　中島（1981）は，比例を指導する際の事象として，次の3つの場合をあげ，「このどの立場に相当しているかを明確にして，その要点をよく考えないと，無意味な指導になってしまう恐れがある」と指摘している（p.189）。

　（ⅰ）比例することを約束（前提）として，提示している場合

　（ⅱ）論理的に比例関係であることが容易に導かれる場合

　（ⅲ）帰納的な法則として比例の関係が導かれる場合

　具体的な例について見てみよう。（ⅰ）としては，「100ｇが250円である」，「1分間に50Ｌの水が出る」，「1時間に40ｋｍの速さで進む」のように割合（比例定数）を提示しているにも関わらず，表やグラフを作成させ，あたかも2量に比例関係があることを発見さ

せたかのように授業を展開している場合を例示している。そして，指導の要点として，「『1分間に50Lの水が出る』という表現が，内容的には，『上の関数表で示される比例関係を表わしているのだ』ということを，はっきりさせることにねらいをおくようにするのが，本筋と考えるべきである」（p.188）と指摘している。

また，（ⅱ）としては，（一辺の長さ）と（正方形の周の長さ）との関係を調べさせる場合を例示している。この場合，「正方形」という条件が，「周りの長さは，1辺の4倍」ということを論理的に含んでいる。中島（1981）は，「この場合，実質的には，（ⅰ）とほぼ同じに考えてよい」（p.188）と付言している。

そして，（ⅲ）としては，バネにかける（重さ）と（バネののび）との関係を調べる場合，つまり，自然事象などについて比例関係にある法則を導くような場合を例示している。（ⅲ）は，理科との関連が図れるよい機会であり，この場合には，架空のデータではなく，子どもたちが実験実測したことによって得られたデータを使用することが教育的であると指摘している。

中島（1981）の3つの場合は，比例を指導する際の事象の捉え方として，参考になる捉え方である。次章では，さらなる捉え方ができないかどうかを検討する。

❸ 比例に関する事象の再検討

事象の考察をしている際，2つの変量の間の関係が比例であることに徐々に気づいてい

くことは少なくない。例えば，1辺が1cmの正方形の厚紙を下のように並べていった時を考える。ある段数の時の周りの長さを求める問題では，段数と周りの長さとの関係を調べるために，表を作成して，変化や対応の特徴を探る。そこで，段数と周りの長さとの関係に比例関係があることが見えてくる。

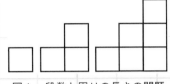

図1　段数と周りの長さの問題

上記の事象は，中島（1981）の（ⅰ），（ⅱ）のどちらにも当てはまらないと考える。

また，「（ⅲ）帰納的な法則として比例の関係が導かれる場合」でも，バネの例のように，比例の関係が法則に基づいて導かれる場合と比例の関係がデータの傾向に基づいて導かれる場合がある。この事象を具体的に述べる。

現在，日本の各地で発掘調査が行われている。発掘調査では，土器や人骨などが発掘される。考古学者は，発掘された人骨の一部から，身長を推測している。そこで，大腿骨の長さから，人間の身長を予測することを考える。自分の大腿骨の位置を確認し，大腿長を計測[2]するとともに，自分の身長を記録する。また，友達のデータも集め，それを表に整理する（表1）。

表1　（データの一部）

大腿長（mm）	346	366	377	390	400
身長　（mm）	1380	1446	1502	1564	1601

整理した表を観察するとともに，グラフに表現する（図2）。身長÷大腿長の値を求めると，およそ4になっている。

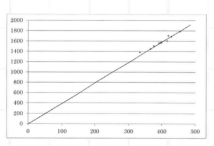

図2　大腿長と身長に関する回帰直線

上記では，データの傾向に基づいて，比例関係が導かれている。これは，中島（1981）の（ⅲ）とは異なる場合である。

これまでの考察を踏まえ，事象という視点で整理したものが表2である。

表2　比例に関する事象を整理する視点

> （a）比例することを約束（前提）としている事象
> （b）論理的に比例関係であることが容易に導かれる事象
> （c）比例関係であることが探究を通して導かれる事象
> （d）帰納的な法則として比例関係が導かれる事象
> （e）比例関係がデータの傾向に基づいて設定される事象

❹ 比例に関する事象を扱う際の指導上の留意点

表2で整理した事象を扱う際の指導上の留意点について考察する。

（a）は，「100 g が250円である」，「1時間に40 km の速さで進む」のように，2量間の関係に比例関係があることが，条件として設定されている事象である。この事象を扱う際には，条件そのものが表している意味を確認するとともに，条件の設定によって，2量間の関係には比例関係が設定されていることを明確にする。例えば，「100 g が250円である」という条件が設定されている場合，200 g は500円，300 g は750円であり，重さと値段が比例関係にあることを明確にする。また，学年によっては，帯小数倍にあたる，150 g で375円になることや，純小数倍にあたる，30 g で75円になることも扱っていく。

中村（2011）は，1あたりの大きさや1とみる大きさを明示していない整数の乗法，除法の問題解決における子どもの思考の実態を明らかにしている。論文の中では，「考えだした1とみる大きさで倍比例の関係を用いることに困難がある。他方で，1あたりを示さない問題場面では，子どもは乗法，除法場面で倍比例を用いる困難さはあまりないことがわかる」（p.10）と指摘している。具体的には，「24 m の電線があります。重さは20 kg です。この電線30 m の重さは何 kg でしょう」のように，1とみる大きさを見いだす必要がある問題の解決に困難があることが示されている。

1あたりの大きさ（1 g で2.5円）を求めて問題解決を行ったり，「50 g で125円」を1とみて問題解決を行ったりしながら，比例的推論の進展を目指していくことが重要である。（b）や（c）についても，上記を踏まえて指導する。

（a）（b）（c）は，現実に関わる用語が使

用されていたとしても，それらは言わば「てんぷらの衣」であり，本質的には数学の事象である。一方，（d）（e）は，現実の事象であるため，理想化や単純化が必要であったり，様々な仮定を自ら設定したりしなければならない。理想化，単純化や仮定の設定という数学化の活動があるかどうかが，（a）（b）（c）と（d）（e）との決定的な違いである。

（d）のような事象を扱う際には，実測値に対する理想化や単純化の意識や定義域の意識が重要となる。例えば，バネにかけるおもりの重さとバネののびに関する事象の場合，比例関係があると捉えられるのは，ある一定の範囲の重さのときである。おもりの重さが極めて小さい場合は，おもりの重さとバネののびは比例しない。また，おもりの重さが大きすぎる場合にも，ばねがのびてしまい，おもりの重さとバネののびは比例しない。つまり，おもりの重さという定義域の意識が重要なのである。

（e）のような事象を扱う際にも，（d）で述べた意識は重要であるが，さらに重要となるのは，「2つの量が比例すると仮定する」という積極的な態度である。「2つの量が比例すると仮定する」ことによって，推測ができるようになり，数学的な判断が可能となる。最もシンプルなシナリオ（起こりうる出来事を仮定して並べたもの）をつくることが可能となるのである。子どもたちには，そのよさを感得させたい。

❺ おわりに

本稿では，比例に関する事象を整理する視点を明確にするとともに，それらの事象を扱う際の指導上の留意点について考察してきた。比例が条件として設定されている事象では，比例的推論を育成するとともに，現実の事象では，比例を仮定して考察する能力の育成が重要である。

注

1）昭和43年に告示された学習指導要領算数の総括目標は，「日常の事象を数理的に捉え，筋道立てて考え，統合的，発展的に考察し，処理する能力と態度を育てる」であった。この目標を考えるにあたって，当時の文部省教科調査官の中島健三氏は，次のように述べている。「私は『事象を数理的にとらえる』という言葉にひかれました。このことばには，現代化の目ざす数学のもつ抽象性への反省を含むとともに，人間が主体的に事象にとり組むという気持がよく出ていると思われたからでもあった」（随流導流，啓林館，p.450）。

2）大腿骨長は通常，直接測定することができないので，転子点から大腿骨外側上顆点までの長さである大腿長を測定する。

引用文献
塩野先生追想集刊行委員会（1982）．随流導流．啓林館．
清野辰彦（2015）．「仮定の意識化」を重視した数学的モデル化の学習指導―「比例とみなす」見方に焦点をあてて―，日本数学教育学会誌数学教育学論究，97，105-112．
中島健三（1981）．算数・数学教育と数学的な考え方：その進展のための考察．金子書房．
中村光一（2011）．整数の乗法，除法の問題場面での4年生の子どもの比例的推論の実態，日本数学教育学会誌，93（6），2-11．

「比例的に考える」子どもが育つ授業の授業づくり

成城学園初等学校　高橋丈夫

❶ 「比例的に考える」とは？

「比例」という言葉を耳にしたとき，みなさんは何を最初に思い浮かべるだろう？

「一方が2倍，3倍，4倍……になれば，それに伴って他方も2倍，3倍，4倍……になる二つの数量の関係」だろうか？　それとも，$\frac{y}{x}=$一定（二つの数量の対応している値の商に着目すると，それがどこも一定になっているということ）の関係だろうか？　x，y直交座標系に書かれた原点を通る右肩上がりの直線をイメージされるかもしれない。どれも間違いではない。最初に書いたものは，小学校5年生で学ぶ比例の特徴であり，2番目に書いたものは小学校6年生で学ぶ比例の関係の意味や性質に含まれるものである。

ところで，「比例的に考える」とは一体どのような思考の過程なのだろうか？　上では「比例」について述べたが，これらからは，「比例的に考える」過程について，上手くイメージできないように思う。そこで「比例」が「関数」の特殊な場面であることから，以下では関数的に考える，つまり「関数の考え」の側面から，その姿を捉えることを試みる。

❷ 「関数の考え」から見る「比例的に考える」

「関数の考え」とは，大雑把にいうと，事象の変化を捉えて問題解決に生かす考えのことである。以下では，平成29年告示の小学校学習指導要領解説算数編（pp.62-63）を参考に，「関数の考え」について，問題解決のプロセスに沿って，述べていくことにする。

「関数の考え」の最初は，ある場面での数量や図形についての事柄が，ほかのどんな事柄と関係するかに着目する過程である。例えば，ある数量が変化すれば，ほかの数量が変化するのかどうか，ある数量が決まれば，ほかの数量が決まるのかどうか，「変われば変わる」，「決まれば決まる」そうした関係に着目することが大切である。こうした見方で物事を見ることができるようになると，二つの事柄の間の依存関係を調べることができるようになる。これが関数の考えの第一歩である。

次に，二つの事柄の変化や対応の特徴を調べていく。伴って変わる二つの数量の間に，変化や対応の規則性などの関係を見付けられることがある。その際，数量やその関係を言葉，図，数，表，式，グラフを用いて表すことで，表現されたものから，さらに詳しく変化の様子や対応の規則性を読み取ることができるようになる。

更には，このようにして見いだした変化や

対応の特徴を，様々な問題の解決に活用するとともに，その思考過程や結果を表現したり，説明したりするのである。

　上述した「関数の考え」を「比例的に考える」ことに関連付けて記述すると，以下のようになるであろう。

　「比例的に考える」場合も，「関数の考え」もその第一歩は同じであろう。ある場面での数量や図形についての事柄が，ほかのどんな事柄と関係するかに着目する過程である。具体的には，ある数量が変化すれば，ほかの数量が変化するのかどうか。ある数量が決まれば，ほかの数量が決まるのかどうか。「変われば変わる」，「決まれば決まる」そうした見方で物事を見る過程である。

　上記の見方で依存関係にあるであろう，二つの事柄に見当をつけたら，二つの事柄の間の依存関係を調べることができるようになる。

　ここで，「比例的に考える」場合には，一方が2倍，3倍，4倍……になる際に，それに伴って他方も2倍，3倍，4倍……になっていくかどうか，$y \div x$ が常に一定かどうかを調べ，問題解決に用いていくことになる。

　問題解決のプロセスに沿って「関数の考え」を手がかりに「比例的に考える」プロセスを記述すると上記のようになる。では，比例的に考える子を育てるには，どのようにすればよいのだろうか？以下では，「比例的に考える」最初のプロセスである，対応関係を見付けていく際の子ども達の姿から，比例的に考える子どもの育成について言及していく。

❸ 「ドングリの問題」から見える具体的な子どもの姿から

①実際の授業の子どもの姿

　2年生の3学期，乗法九九の学習や分数の学習が終わった頃，下のような問題に，子ども達と取り組んだ。

> けいご商店では，ドングリを2個10円で売っています。ごん太は6個ほしいそうです。いくらですか？

　子ども達の自力解決の様子は，概ね以下のようであった。

解決①：ドングリ6個はドングリ2個のかたまりが3つあると考え，そのかたまり1つ1つに，10円を対応させていき，10×3として，30円を求めている解決方法

解決②：2個－10円をセットとして考え，それが6個だと3セットあるので，10×3として30円を求めている解決方法。

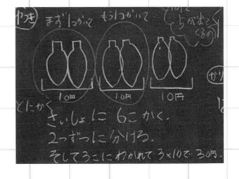

③：2個10円なので，1個5円を求めてから6個の代金を求める解決方法

実際の授業では，最初に子ども達からドングリ6個の代金を聞き，その後 Nao の解決，Yuki の解決，帰一法による解決へと展開した。本稿では，Nao の説明を中心に話を進める。尚，Nao は以下のように，自分の意見を発表した。

「けいご商店は，ドングリを2個10円で売っていて，ごん太は6個欲しい，って言っているでしょ。それで，そのごん太の6を，ここの2を引いて4，4−2は2。で，足して行って6って確認して，それで，ここの2は，この1個が10でしょ。だから，ここの2を消して（最初の2に×をつける），ここの2も消して，足して20」の発言からは，求める代金と対応関係にあるドングリ6個の中にドングリ2個のかたまりが何セットあるのかを考えていることが分かる。その際，6−2＝4，4−2＝2のように累減を式に表し，2を引いた回数から6の中に2が3セット，つまりドングリ2個のかたまりが3セットあることを求め，次にその2に代金である10円を対応させ，10＋10＝20，20＋10＝30として代金を求めているのである。

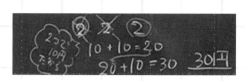

板書の写真からは，まずドングリの個数のみに着目し，6個の中に2個のかたまりがいくつあるかを累減により求め，その後2＋2＋2の式表示にすることで，累加で表現することにより，2のかたまりが1セット，2セット，3セットあることを顕在化し，次に1セットごとに10円を対応させ（2と10を線で対応づけ），10＋10＝20，20＋10＝30と，1セットのとき，2セットのとき，3セットのときをそれぞれ求めている。このことから，2年生の3学期の段階では，対応関係にあるものを直観的に判断し，まずは一方の増え方（今の場合は，ドングリの個数の測度空間における変化）に着目し，次にその要素の変化に，他方（今の場合は代金）を対応づけることにより，問題を解決している。一方が2倍，3倍，4倍に変化した場合に他方も2倍，3倍，4倍に変化すると捉えるのではなく，一方の変化に他方を対応付けることによって，結果的に m 倍の時の値を求めることをしていると考えられる。このことは，「これ足して20でしょ。それでこの20足す，こっちの残りの（3個目の2を指しながら），10を足して30。で，30」という発言の中の「こっちの残りの（3個目の2を指しながら），10を足して30。で，30」からもうかがい知ることができる。

②授業中の子どもの姿から分かること

紹介してきた授業中の子どもの姿からは，一方の数量と比例関係にあるもう一方の数量を見付ける時に，まずは一方の数量にのみ着目していることが分かる。紹介した Nao は，

最初に問題場面の主役のドングリに着目している。その上でドングリ2個が6個の中に何セットあるかを測り取り，その各セットに10円を対応付けることで，10円＋10円＝20円，20円＋10円＝30円として，ドングリ6個の代金を求めている。

2年生の段階では，［ドングリ2個—10円］のセットが3セットあると見るのではなく，求める代金の個数である6個の中に2個が3セットあることを求め，その3セットの1セットにそれぞれ10円を対応付けることで，代金を求めるという思考過程をとっている。

❹ 「比例的に考える」子を育てるために

今まで述べてきたことからは，一方が2倍3倍になれば，他方も2倍，3倍になると見る以前に，対応関係にある数量のみに着目し，加法的に考えていくことで代金を求める姿が見てとれる。つまり，「比例的に考える」子どもを育成していく過程では，問題になっている数量と対応している数量を明らかにし，その上で，一方の数量を他方の数量の関係内に置き換えることで，関係を明確にしていくプロセスを下の学年から意識的に扱っていくことが大切になると考える。

このプロセス，実は4年生の変わり方調べでも，大切にされている。

「1辺が1cmの正三角形のあつ紙を，図のように1列にならべます。正三角形の数が20このときの，まわりの長さを求めましょう。」という問題がある。

1こ　　2こ　　3こ　　4こ

教科書等でもよく見かける問題である。この問題を授業で解決するとき，安易に表に表し，きまりを見付け，正三角形20個のときのまわりの長さは，「三角形の個数＋2」と，何の疑問もなく求めていないだろうか。前述のドングリの問題では，ドングリ2個と10円を対応付づけることの大切さについて述べた。この三角形の問題の場合は，三角形の個数が分かることで，周りの長さがなぜ分かるのか？そこを顕在化することが大切なのである。

上の図の「矢印による対応づけ」のように，明確に何と何が対応しているのか，問題を解決するために，何を何に置き換えた（関連付けると言うより感覚的には「置き換える」という言葉の方がしっくりくる）のかを，明らかにすると共に，そういった目で教師自身が教材研究を重ねていくことが大切なのだと考える。

その昔，坪田耕三先生に講演で使われていた写真についてお聞きしたことがあった。すると，坪田先生は，鞄からデジタルカメラを取り出し，算数的に面白そうなものがないか？常にそういった目で街を見，写真を撮りためているとお話してくださった。そんなことを拙稿に苦戦しつつ思い出した。

＜参考・引用文献＞
文部科学省（2018a）小学校学習指導要領（平成29年告示）解説算数編　日本文教出版
清水美憲・斎藤一弥編（2017）小学校学習指導要領ポイント総整理算数　東洋館出版社

Raising Children to Reason Proportionally

比例的に考える力を育てる数直線図の指導

兵庫教育大学　加藤久恵

❶ 数直線図をかく際のメタ認知

　子どもがノートに数直線図をかいて考え，黒板に数直線図をかいて他者に立式の根拠を説明し，学級の子どもたちの理解が深まる様子を目指す教師は多いであろう。数直線図は，算数・数学教育において有効な思考ツールである。しかし，数直線図の指導の難しさも多く指摘されている。筆者は，小学校5・6年生が数直線図の利用に関して有するメタ認知的知識の実態調査を行った（加藤，2009）。その結果，数直線図をかくときに気をつけることとして，「点のうち間違いはないか，とか，その数はそこであっているかなどを確認すること。」と回答した児童がいた。この児童は，数直線図における相対的な数の位置の重要性を意識して，数直線図を用いていることが推察される。一方で，数直線図をかくのが苦手で，使うことがあまりなく，数直線図のよさを感じていないとこたえた児童は，「数直線をめったに使わないけど，使ったときは定規で書いて，ノートだったらマス，ドットなどをうまく使って書いていきたいです。」と回答した。この児童も数直線図のかき方に意識を向けているが，前者の児童のように，数直線図上の数の位置関係ではなく，数直線図をきれいにかくことに注力する様子

がうかがえる。これらのことから，数直線図をかいている際に働かせている認知やメタ認知も，児童によって多様である。したがって，たとえば同じ数直線図をみたとしても，児童によって読み取れることや考えていることも多様であろう。児童がどのように数直線図を捉えているのか，何に困難性を感じているのかを把握することも重要である。

❷ 数直線図の特徴

　一般的に，比例的に考える際に用いる数直線図とは，2本の対応する数直線を用いて数量関係を表す図を指し，児童の学習経験に応じて，直線部分をテープで表現することもある。本書では，比例的に考えることについて論じているので，ここでの数直線図とは，2本の対応する数直線やテープ図などを組み合わせたものを指すこととする。

　数直線は，長さという児童に身近な量を使って，数という抽象的な概念を表現している。また，同一数直線上に整数・小数・分数を位置づけることで，数量の大小関係を統合的に表現することができる。その結果，児童にとって直観的に数量の対応関係や比例関係を捉えやすいといえる。特に数直線図は，数直線の特徴と図の特徴を併せ持つ数学的表現であり，児童の学習経験や理解状況に応じて，図

的表現を取り入れることができる。具体的に，数直線図の教育的役割について考えていく。

❸ 数直線図を使って比例的に考えること

数直線図を使った学習指導の実践研究も多く行われているが，特に小数や分数の乗除法において多くなされている。中村（1999）は，乗除法の構造を表す数直線図の教育的役割として，先行研究をもとに4点にまとめた上で，5点目を指摘している（p.89）。

---

①立式の根拠となる。

②意味の拡張ができる。

③計算の仕方を導くことができる。

④積や商の大きさを見積ることができる。

⑤基準量変更で乗除法を統一的にみることができる。

このように，数直線図は数量が比例関係にあることを直観的に捉えることができ，この比例関係をもとに上記のような教育的役割を果たすことができる。

しかし学校現場では，「数直線図がかけるから数量関係が把握できるのか，数量関係が把握できているから数直線図がかけるのか？」という疑問もある。問題文の数値を数直線図に配置し，それらの数量の値から演算決定ができたとしても，問題場面の比例関係を捉えられているとは限らない。たとえば，「4mが100円の鉄の棒，10mはいくらでしょうか」という問題を考える。なんとなく組になっている「4m，100円」という2つの数量を数直線図の上下に位置づけ，同様に「10m，□円」という2つの数量を上下に位

置づけることができたとする。この数直線図を使って，10mの鉄の棒の値段を求める式をつくったり，それに続いて，3mの鉄の棒の値段を求める式をつくったりすることができる児童がどのくらいいるだろうか。

布川（2000）は問題解決における図に関する先行研究を概観した結果，問題の構造を表しやすいと考えられる図を提示したときの効果を調べるものがあるが，こうした図が役立つためには，図が解決者にとって意味をなすものである必要があることを指摘している。それに対して，図をかくことは，問題の分析に留まらず知識の再構成などが生ずる創造的なものであり，図をかく過程から大きな有用性が得られることを先行研究から指摘している。それらを踏まえて氏は，被験者の図をかく過程を詳細に分析している。そして，比例的に考える力を育てるために，数直線図をかくことを用いた研究もなされている（たとえば，布川：2006，2007など）。氏の一連の研究を踏まえると，数直線図をかく過程を学習として捉え，そのことを通して問題場面の比例関係を捉えることを目指すことが重要であろう。

❹ 比例的に考える力を育てる数直線図の指導

数直線図をかく指導を通して，問題場面の比例関係を捉えることができる指導とは，どうあるべきであろうか。第5学年「小数のかけ算」における問題「1mのねだんが80円のリボンを2.3m買います。代金は何円ですか。」を例に考える。教科書では，以下に示

算数授業研究, 2024, No.151　　29

す図1を用いて児童が説明する場面が取り上げられている。このように，5年生における小数の乗法では，この図のような数直線図をかくことを通して比例関係を捉え，乗法の理解を深めさせたい。ここでは，2本の数直線に，対応する数量を位置づけて捉えること，それらの倍関係を捉えることが必要である。前者は，数直線図や表を縦にみる見方であり，2つの数量を結合させて捉えることである。Lobato et al.（2010）はこれを組み立てユニット（composed unit，複合単位とも訳されている）と呼んでいる。

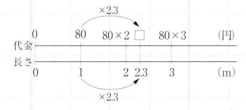

図1　小数の乗法の学習における数直線図
（小山・飯田他，2020，p.58）

　このような数直線図をかいて比例関係の理解を深めるには，児童が対応する数量の対（組み立てユニット）が繰り返し増減することをイメージして，加法的・乗法的に繰り返していく様子を記述する活動が必要である。たとえば，「8枚で60円の色紙があります。この色紙を20枚買うと，代金はいくらですか。」という問題に対して，児童のかいた図を教師が板書したものが図2である（加藤他，2019）。この図では，「8枚の色紙が60円」という対応関係を捉えており，それを繰り返し記述できていることにより，組み立てユニットが比例的に増えていくことを児童が捉えているといえる。

　このような数直線図をかくことが難しい場合は，キズネール棒などを用いた具体的操作を行うことも必要である（図3）。ここでは，8枚の色紙を，長さ1のキズネール棒8個（上段）と長さ8のキズネール棒（下段）が対応することを具体的操作で確認し，8のキズネール棒を繰り返し置くことで，8のまとまりが増加することを確認することができる。そして，8枚を表すキズネール棒に対して60円を対応させるように促したい。さらに，その様子を図に描くように促し，その際には「8枚で60円」という2量を数字でかくことで「分かりやすいね」と価値づけたい（加藤他，2019，2022）。

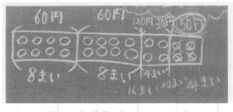

図2　加藤他（2019, p.57）

図3　キズネール棒を用いた具体的操作

　次に大切にしたい学習は，組み立てユニットを整数倍繰り返す場面だけでなく，分割する場面を扱い，児童なりの図をかかせたり具体的操作に取り組ませることである。図2では，「8枚で60円」の組み立てユニットから，20枚の色紙の値段を考えるために，「4枚で30円」の組み立てユニットを新たに構成する必要がある。このように，組み立てユニットを問題場面に応じて柔軟に分割して考えることは，小数倍の学習に必要なことである。そ

の際，組み立てユニットを半分にしたり，$\frac{1}{4}$（半分の半分），$\frac{1}{10}$にしたりすることはできても，$\frac{1}{3}$にすることが難しいという報告もある（布川，2006）。したがって，児童の実態や学習経験等を考慮し，扱う数値を慎重に検討し，児童の比例的に考える力を少しずつ育てたい。

　なお，児童なりの図をかいた場合，必ずしも数直線図に類似した表現になるとは限らない。この図4は，上記の問題場面を児童が表現した図である。図1のように，横にのびた数直線図を用いることが多いため，図4のような図を授業でどのように扱うかは議論が分かれるかもしれない。しかし，図4のような初源的な図であっても，児童が組み立てユニットを構成し表現しているため，この図に2量を見出し価値づけることが重要である。図4に表現されている組み立てユニットの価値を教室で共有した上で，図2のように教師が横にかいてみせることは，教科書にあるフォーマルな表現を児童のアイデアと関連付ける重要な指導となる。

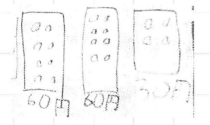

図4　加藤他（2019，p.56）

　以上のように，教科書に記載されている図がかけるようになることだけを目指すのではなく，問題場面を児童がどのように捉えているのかを，児童がかいた図の中から価値づけ，

必要に応じて具体的操作を促しながら，児童の比例的に考える力を育てる学習指導を行うことが重要である。

引用・参考文献

加藤久恵（2009）．数学学習における数直線の利用とメタ認知．日本数学教育学会『第42回数学教育論文発表会論文集』，235-239.

加藤久恵・薛詠心・木村友香・指熊衛・藤原達矢・植田悦司・有吉克哲（2019）．「乗法の意味理解をめざした比例的推論の学習指導に関する研究：数直線図の学習指導を活用して」．全国数学教育学会誌『数学教育学研究』，第25巻，第1号(1)，pp.49-65.

加藤久恵・寺井あい・山本紀代・日野圭子・市川啓（2022）．比例的推論の進展を目指した算数科の授業づくり：小学校第3学年「一万より大きい数」について．『近畿数学教育学会誌』，第35号，9-26.

小山正孝・飯田慎司他（2020）．『小学算数5年上』．日本文教出版株式会社.

Lamon, S. J.（1994）. Ratio and proportion: Cognitive foundations in unitizing and norming. In G. Harel & J. Confrey（Eds.）, *The development of multiplicative reasoning in the learning of mathematics*（pp.89-120）. Albany, NY: State University of New York Press.

Lobato, J., Ellis, A. B., Charles, R. I., & Zbiek, R. M.（2010）. *Developing essential understanding of ratios, proportions, and proportional reasoning for teaching mathematics in grades 6-8*. Reston: The National Council of Teachers of Mathematics.

布川和彦（2000）．問題解決における図と情報の生成．『上越数学教育研究』，15．9-18.

布川和彦（2006）．比例的推論の授業における小学校4年生の学習の様相．『上越数学教育研究』，21．1-12.

布川和彦（2007）．小学校3年生による比例的推論の課題の解決－下位単位の利用に焦点をあてて－．『上越数学教育研究』，22．1-10.

「1あたり」にとらわれない柔軟な見方・考え方を

青山尚司

❶ 「単位量あたりの大きさ」とは？

　突然だが，「単位量あたりの大きさ」という言葉に気持ち悪さを感じるのは自分だけであろうか？　5年生の教科書の目次を見ると，他の単元名はすっきりしているのに，この「単位量あたりの大きさ」だけ，一読してすんなり意味が通らない。

　学習内容を見ると，「1あたり量」での比較がほとんどであり，「単位量」とは「1あたり量」のことであると思っている方が多いのではないだろうか。しかし，単位を何にするのかは，子どもが決めるべきものであり，必ずしも「1あたり量」とは限らない。比較しやすい「単位量」を自分で判断し，それに対する「あたりの大きさ」を見いだしたり，比較をしたりすることが大切なのである。

　以下，単元「単位量あたりの大きさ」において，「1あたり量」にとらわれず，より適した比較方法を見いだしながら，問題解決をしていった子どもの実態を述べる。

❷ 「シンプルに50倍以上」

　混み具合，人口密度の学習を終えた5年生の子どもたちに，教科書にある以下の問題を提示した。

　2つの田A，Bで，よく米がとれたといえるのはどちらでしょうか。

	面積（a）	とれた重さ（kg）
A	11	570
B	14	680

　多くの子どもたちは「1aあたり」の「とれた重さ」を求めて比べたのだが，その計算の答えの表し方にア，イの違いが生じた。

　ア．A　570÷11＝51.8181……
　　　B　680÷14＝48.5714……

　イ．A　570÷11＝51あまり9
　　　B　680÷14＝48あまり8

　いずれも，商の数値が大きいAの田の方が，米がよくとれるという判断になる。アのように割り進んだ子の中には，小数第一位を四捨五入して概数で比べる子もいたが，小数部分を切り捨てて比べる子もいた。また，イのようにあまりを出した子たちも，商の大きさで比べられることを説明していた。そんな吟味をしていると，ある子どもが，「そもそも概数にしていいんだから，もっと楽にできる」と言って，次の式を板書した。

　ウ．A　570÷11＞50
　　　B　680÷14＜50，B＜50＜A

　そして，「570÷11は50倍より大きいでし

ょ？　でも14に50をかけたら700なわけ。A は1aだと50kg以上とれて，Bは1aで50kg未満だから，細かく計算しなくてもAの方が良く取れることが分かる」と説明を加えた。この方法に対して他の子たちも，「よくとれたのがどちらかが簡単に分かって良い」と反応を示した。

　ここでその子に，なぜこのようなことを考えたのかを問うと，「Aの11と570っていう数を見たときに，50倍だったら550だから，570はそれより大きいと分かった」という。この子が目安とした「50」という数値は，もともと「1aあたりのとれた重さ」ではなく，「面積」と「とれた重さ」の関係を表す数であったのである。

❸「比べやすい量あたりの大きさ」

　この後，教科書と同様に以下の適用題を提示した。

> ガソリン45Lで630kmを走れる自動車C と，ガソリン30Lで480km走れる自動車D があります。使うガソリンの量のわりに長い道のりを走れるのは，C，Dのどちらですか。

　出てきた解決方法は以下の3つである。

　エ．C　$630÷3＝210$
　　　D　$480÷2＝240$
　オ．C　$630×2＝1260$
　　　D　$480×3＝1440$
　カ．C　$630÷45＝14$
　　　D　$480÷30＝16$

　エは45Lと30Lの最小公倍数である15L

あたりの走れる距離で比べている。オは45Lと30Lの最大公約数である90Lあたりの走れる距離で比べている。そして，カは1Lあたりの走れる距離での比較である。

　いずれも，答えの数値が大きいDの方が長く走れるという判断になるのだが，子どもたちの支持を最も多く集めた方法はエであった。カのように「1Lあたり」を求めるよりも，2と3という除数で割り切ることができる「15Lあたり」で比べる方が簡単であると判断したのである。

　なお，授業の最後に「単位量あたりの大きさ」は「1あたりの量」でなくても構わないことをまとめると，この子たちは，「比べやすい量あたりの大きさ」と改名すべきだと言っていた。

❹　二量を都合よく調整する力

　上述の授業は，一般的に「1aあたりのとれる重さ」や「1Lあたりの進む距離」を求めて比較し，それを適用する時間なのであろう。しかし，形式的に「1あたり量」を求めるよりも，この子たちのように，できるだけ簡単に計算や比較ができる方法を模索し，二量を都合よく調整できる方が，見方・考え方が豊かに働いているといえる。なぜならば，都合の良い単位量を設定し，それにあたる量を比較に用いるということは，二量の割合が不変であることを理解した上で，比例関係を適用して調整しているからである。またその前に，異種を同種的に捉えていた実態も，二量の関係が不変であることを理解しているか

算数授業研究, 2024, No.151　　*33*

らなのである。

そのような見方・考え方、即ち比例的推論は、自然と働くようになったわけではない。この子たちは、中学年の段階から、「1あたり」にとらわれないように、比例関係にある二量から、都合の良い数の組み合わせを見いだしたり、作ったりする学習を重ねてきたのである。

ここで1年前に遡り、上述の子たちが4年生の時の実践を振り返ってみる。

❺ 別の二量を見いだすイメージ

> おだんごを12こ使って、3本のくしだんごができました。

上のように問題を途中まで書いて提示すると、「続き分かる！」という子が、「1本に使ったおだんごは何こでしょう」と答えた。この反応からも、やはり4年生の段階から1あたり量のイメージはつかみやすいという子どもの実態がわかる。ここでは、「それもいいね」と認めつつ、次のように問題を完成させた。

> おだんごを12こ使って、3本のくしだんごができました。60このおだんごでくしだんごは何本できますか。

多くの子は「え？」という反応であり、「できないよ」という子もいた。1本分の個数を求めるイメージはできても、二量の組み合わせから、別の二量を見いだすイメージをもつことができない様子であった。

困った子どもたちは、それまでの学習で演算決定の説明に用いてきた数直線図をノートに描き、解決の糸口を見出そうとした。数直線図は描けても見通しがもてない子には、「何個だったらできそう？」と問い、「4個だったら1本」という答えが返ってきたら、「図のどこかな？」と、数直線図の目盛りの追加を促した。

比較検討場面では、まず「12÷3＝4, 60÷4

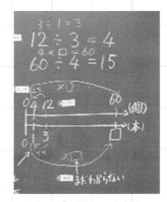

図1　「4個で1本」を使った求め方

＝15」という式が出された（**図1上**）。すると、「2つめの式の意味が分からない」という反応があった。これに対してある子が数直線図を板書（**図1下**）し、「まず3本を1本にするから÷3でしょ？で、下を3で割ったから上も3で割ればいい」と説明しながら図に矢印をかき加えた。そして別の子が、「4個で1本だから、60個で何本か考えたらいい」と説明した。さらに別の子が、「1本を□倍したら□本になる」と付け加えた。すると先程、式が分からないと言っていた子が「4×□＝60ってこと？」と質問をした。これに対して「うん、その方がいい」という反応があり、「だから60÷4なんだ」と納得した。

次に、「別のやり方がある」と挙手をした子が「60÷12＝5, 3×5＝15」という式を出し（**図2上**）、別の子が数直線図（**図2下**）

に表した。すると「60÷12で出てきた5って何？」という疑問が出された。これに対して「5倍」という反応があった。そして、「12個が5倍で60個だから、本数も3本の5倍の15本になる」という説明が加えられた（図3上）。

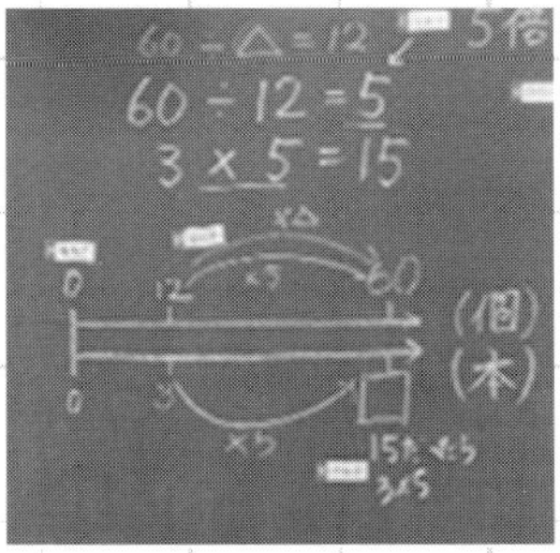

だんごの個数である12個と60個が5倍の関係

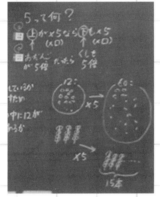

図2　個数の倍関係を使った求め方

図3　「5」の意味の説明

であり、12個でできる3本の串もまた、5倍の15本になることは、具体的な絵でも説明がなされた（図3下）。

ここで、「気付いたんだけど」と挙手をした子が、「おだんごの数は本数の4倍になっている」と発言した。「あたりまえじゃん。1本4個なんだから」という反応に対してこの子は、「1本のときだけじゃなくて、3本だったら12÷4で3でしょ？　だから60個でも÷4をすれば15本と分かる」と説明をした。その「12÷4」や「60÷4」が、図のどこのことを言っているのかを問うと、12個から3本へ、60個から答えの□への縦の矢印がそれぞれ「÷4」となり、15本が60個に対応する本

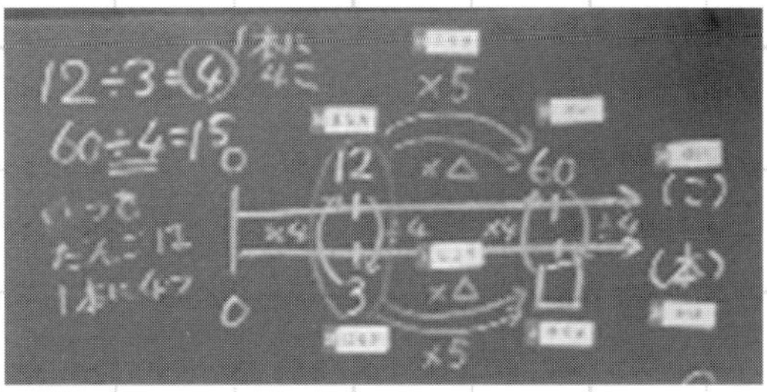

図4　縦の対応関係への気づき

数であることを明らかにした（図4）。

授業の最後には、「おだんごが何個でも4で割れば本数になる」という発言があった。また、学習感想には、「100個だったら÷4をして25本」、「4億個だったら1億本」といった記述が見られた。

❻　持続可能な比例的推論を育てる

子どもは素直である。中学年で1あたり量を求める計算ばかりしていたら、高学年の比較場面においても、1あたり量で比べたくなるものである。

逆に、「1あたり」にとらわれることなく、比例的推論を働かせて柔軟に計算や比較をする姿を高学年で引き出したいのであれば、中学年でも、1あたり量を示さない問題を適宜扱っておくべきである。

乗除法の学習を、単に計算の仕方を学ばせる場とするのはもったいない。比例や割合の見方・考え方を働かせて解決する場とする意識をもつことによって、高学年で生きて働く持続可能な比例的推論が育っていくのである。

Raising Children to Reason Proportionally

「比例的に考える」ことを小中でより豊かなものに

日本大学文理学部　山崎浩二

❶ 中学校での「関数」の指導

　数や図形どうしの中に比例関係を見いだしたり，比例的に捉えたりすることは，小学校算数科での大切な見方や考え方の一つである。本稿では，それが中学校数学科にどのように引き継がれていくのか，主に「C 関数」領域とのつながりを中心に述べていく。

　中学校での関数指導の目的は，次のように述べることができる（文部省，1978，p.61）。

① 事象の考察に際して関数関係を見いだす能力を伸ばす。

② 関数関係を表現したり，それによって関数関係の特徴を調べたりする能力を伸ばす。

③ 基本的な関数について，その特徴を理解させる。

④ 関数の意味についての理解を深め，関数的な見方・考え方や手法をいろいろな問題の解決に利用する能力を伸ばす。

　現行学習指導要領でも，「関数として捉えられる二つの数量について，変化と対応の特徴を見いだし，表，式，グラフを相互に関連付けて考察し表現すること」と「関数を用いて事象を捉え考察し表現すること」を通して，その実現を目指している。

　中学校3年間の主な学習内容は，概ね次の通りである。

中1	比例，反比例
	・関数関係の意味
	・比例，反比例
	・座標
	・比例，反比例の表，式，グラフ
中2	一次関数
	・事象と一次関数
	・二元一次方程式と関数
	・一次関数の表，式，グラフ
中3	関数 $y=ax^2$
	・事象と関数 $y=ax^2$
	・いろいろな事象と関数
	・関数 $y=ax^2$の表，式，グラフ

　中学校での関数の学習指導は，小学校算数科で育んできた関数の考えなどを活かし，関数的な見方や考え方を働かせて事象を考察・表現し，数学的に問題解決できることを目指している。ちなみに，高等学校は関数としての領域はなく，数Ⅰで「二次関数」，数Ⅱで「指数関数・対数関数」，「三角関数」，「微分・積分の考え」，数Ⅲで「極限」，「微分法」，「積分法」を学んでいく。

　中・高等学校での関数の学習は，生徒の豊かな数学的活動を通して，より確かな概念形成と意味理解を図るとともに，関数を用いて事象を考察する力を伸ばすことにある。

　関数は，数学を学ぶことの意義を実感するものの一つであり，数学的に問題解決を図るスキルとして身に付けておきたい数学の素養の一つとしても位置付けられている。

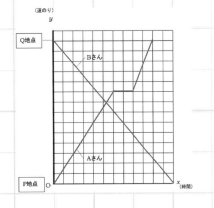

比例的に考える子どもを育てる

❷ 小中のつながりで捉える関数指導

（1）関数

　小学校での「伴って変わる二つの数量の関係」の多くは，中学校では関数として扱われる。中・高等学校における関数は，「xの値が一つ決まれば，それに伴ってyの値が一つだけ決まる関係にある場合，yはxの関数という」と「対応」で定義される。その際，xは独立変数で，yは従属変数となる。（指導用語は両方とも「変数」）小学校では，比例的に考えることも含め，二つの数量の変化と対応の様子を考察するが，関数となれば，知りたい事象の数量yに対して，その依存関係にある数量xを見いだし，xとyとの関係を表や式，グラフなどを用いて考察することで，その事象の問題を解決できる，という道筋をたどることとなる。

（2）比例

　小学校では，「一方の値が2倍，3倍，4倍，…になると，それに伴ってもう一方の値も2倍，3倍，4倍…となる関係」と変化の仕方で定義されるが，中学校では「$y=ax$で表される関係」と式での定義に変わる。式の形から，比例かどうか，何と何が比例しているのかを読み取れるようになる。

　また，中学校では，数の範囲を負の数まで拡張するため，比例定数が負の数の関係も扱う。

　例）比例定数が－4の場合（$y=-4x$）

x	$\cdots$	-3	-2	-1	0	1	2	3	$\cdots$
y	$\cdots$	12	8	4	0	-4	-8	-12	$\cdots$

　小学校では，比例はすべて「増えれば増える」関係だったが，「増えれば減る」比例も

あることを知る。これは生徒には大きな齟齬であり，比例と見られないだけでなく，反比例と勘違いする生徒も出てくる。

（3）表，式，グラフ

　関数は，様々な二量の関係を表，式，グラフを用いて数学的に表現できる。文字式も使えるようになることから，$\frac{y}{x}=a$や$xy=a$など，式での考察もできるようになる。

　グラフは中1から座標を使う。座標は，xとyの数量を原点Oで直交する2本の数直線で表すもので，座標平面上の位置も2つの数の組を用いて表すことができる。反比例のグラフ（双曲線）をかくのも中1である。

　グラフは，二量の変化の様子だけでなく，事象の様相を表現できることやそれを他者に伝えられることも知る。例えば，下の2本のグラフには，2人の進んでいる時間と位置，進む速さの違い，出会った地点，休んでいた時間などが表現されている。それらを読み取る学習を通して，事象をグラフで考察できるようになる。

　関数を表，式，グラフで捉えることで，例えば，一次関数であれば，変化の割合が一定であること，グラフに表すと直線になり，その比例定数によって傾きが決まることなど，

二量の関係を多面的に見られるようにもなる。したがって，単に式やグラフに表現できるだけでなく，それぞれが相互に何を意味しているのかまで理解を促す指導が必要となる。

(4) 比例の利用

中学校では，事象の中に比例関係にあるものを見いだし，それを利用して問題を解決する学習も進む。例えば，中1では「半径が5cm，中心角が60°のおうぎ形の弧の長さと面積」を，中心角と扇形の弧の長さや面積とがそれぞれ比例関係にあることに気づかせ，表や式を使って比例的に考えて求める。

また，小学校では「50枚で40gの折り紙がある。この折り紙が520gぶんあるとき，その枚数を求めてみよう」のように，二量の関係が比例関係であることを前提に，比例を利用して問題解決を図るが，中学校では厳密には比例関係ではないデータを，理想化や単純化して比例と仮定して考察することで未知なるものを予測する学習も経験する。

(5) 関数的な見方や考え方

小学校では関数そのものは扱わないが，「関数の考え」は低学年から使う。変化や対応のきまりに着目し，事象をよりよく理解したり，問題を解決したりすることで，算数の学習のよさを味わう。中学校ではそれが「関数的な見方や考え方」となり，同様に，何らかの問題に直面したときに，何が決まれば決まるか，どのように決まるかと考え，事象を考察していく。数学の学習においても大切な見方や考え方となる。中学校以降は関数の種類も次第に増え，比例の他にも様々な数量の関係に出会い，総合的に利用できることを目指していく。

❸ 関数指導の現状と課題

関数を学習することの意義は，戦後一貫して，数学的な問題解決過程における数学的な考え方の育成にあり，事象の中から様々な関数関係を見つけることや，表，式，グラフを関連付けながら考察することの大切さを指摘している。理論研究だけでなく，実践研究の蓄積も多く，特に最近では，関数指導のカリキュラム研究や関数を用いて日常事象での問題を解決する活動の研究も多く見られる。

ところが，生徒の関数の理解度については，必ずしも十分とは言えない。関数関係を見いだして表，式，グラフを相互に関連させながら考察すること，関数を用いて事象を捉え問題を解決したり説明したりすることが苦手なだけでなく，関数概念の意味理解，変化の割合や傾きの理解などの基礎的内容の理解についても課題があることが指摘され続けている。

❹ 「比例的に考える」ことの課題

（問題）

温め始めてからの時間（x分）	0	1	2	3	4	5	6
ビーカーの中の水の温度（y℃）	20.0	23.0	28.0	31.5	36.0	40.0	44.5

水の温度が80℃になるのは，温め始めてからおよそ何分後ですか。
また，あなたがそう考えた理由を，友達にもわかるように説明しなさい。

(1) 比例でないものを比例と捉えてしまう

この二量の関係は比例ではない。しかし，中3生でもおよそ2割が「5分後に40℃なので，2倍の80℃になるのは2倍の10分後」と比例的に考えていたことがあった。判断した根拠の多くは「1分ごとの温度が同じくらいに増えているから」である。増え方が一定なのは比例の性質の一つだが，増え方が一定だ

から比例とは限らない。特に，一次関数を学ぶ中2では，正比例との異同，減少する一次関数と反比例との区別など，関係の意味理解に留意する必要がある。一次関数は，変化の割合や傾きは比例関係にあるだけに生徒は余計に混乱する。表で考察する際には値の変化に着目する子が圧倒的に多い。比例を，倍の見方ではなく，差で捉えている子が少なくないことは意識したい。

(2) 既習の関数とみなして考察できない

この問題に対して，その説明まで含め正答した生徒は，中2・中3とも全体の$\frac{1}{4}$程度だった。3割以上は無回答である。（山崎・國宗，2023）時間と温度の関係を一次関数と仮定して考察できる生徒はまだ少ない。中には，関数の基礎的内容の理解が十分な生徒でも，この問題に対しては戸惑う姿も窺えた。

(3) 指導への示唆

① 判断の理由を問い返す・問い直す

伴って変わる二量の学習は，小5・6はほぼ比例が中心となる。乗法・除法の計算や割合も含めれば，様々な学習にも介在することから，比例的に考えることは自然と習慣になっても不思議ではない。

例えば，次の左表は小6で比例を利用して画用紙の枚数を求めるもので，右表は先の（問題）の表の一部である。左は比例が内在するが，こう見ると右も比例と捉えても無理はないだろう。

紙の枚数	10枚	500枚
紙の重さ	2.3g	□ g

温める時間	5分	□分
水の温度	40℃	80℃

枚数と重さなど，比例である前提は暗黙の了解が多い。教科書等では「比例すると考えて」「比例の関係として」とあるのだが，子どもの実態からはその意図が伝わっているとは言い難い。授業を通して，「比例と考えてよいか」「なぜ比例と考えたのか」「同じように増えるとはどういうこと？」など，時々は理由や根拠を確かめる必要があろう。

② 整いすぎたものだけで済ませない

比例的に考えることは，やがて中学校では既習の関数と仮定して問題解決することにもつながる。教科書等ではどうしても数値や条件を整えざるを得ないが，時には観察，実験等に基づく課題を設定し，生の値を元に，厳密には比例ではないが比例とみなして考える経験があるとよい。子どもたちの追究はICTで支えてあげればよい。身近な事象を予測・解決できることのよさだけでなく，みなし方によっては結果が必ずしも一意にはならない経験をしておくことも大切であろう。

関数の理解度は，実は学年が上がってもあまり変わらない。半数近くの生徒が，中2の一次関数の理解が不十分のまま中3以降の学習に臨んでいる可能性もある。算数科での伴って変わる二量の関係の学習とどう関連付け，中学校での関数や関数的な見方や考え方へとどうつなげていくのかは，今後一層の検討を要すると考えている。

（引用・参考文献）
文部省（1978）．中学校学習指導要領指導書数学編．大日本図書．
山崎浩二・國宗進（2023）一次関数の理解に関する研究—中学2・3年生に対する調査を通して—．日本数学教育学会第56回秋期研究大会発表集録，349-352．

Raising Children to Reason Proportionally

変わろうとする強い気持ち

大野　桂

昨年に引き続き，ケンブリッジ大学で算数授業研究会が開かれた。昨年は，「分数」の学習内容の系統性や分数指導の困難やその指導方法について講義を要望されたが，今年は，「比例的推論」を学ばせる意義と学びの系統性について講義を依頼された。

日本の算数教育へのイギリスの関心はますます高まり，その関心の幅は，算数の授業づくりや指導法だけでなく，カリキュラムを含めた日本の算数教育の指導内容，さらには子どもに育てたい数学的な見方・考え方にまで及んできた。

まず私は，5年「÷小数」が比例関係を重視して指導されていることの話をした。

課題は，「2.5 L で500円のジュースがあります。1 L ではいくらですか？」である。

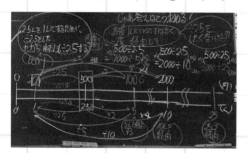

上の板書を提示し，日本では，一般的には比例数直線を用いて，「÷小数」の計算の意味や仕方を考えさせているということを伝えた。

C	2.5 m で500円ということは，5 m で1000円ということだから……。
C	長さが2倍になれば，代金も2倍になる。

$$500 \div 2.5$$
$$2倍\downarrow \qquad \downarrow 2倍$$
$$1000 \div 5$$

イギリスでは，「比例など考えず，形式的に計算の仕方を指導している」と述べられ，日本の子ども達が「比例」を前提として，自分たちで計算の意味や仕方を見出していることに驚かれていた。

次は，「÷小数」の講義を前提として，模擬授業形式で，5年「割合」の導入授業の話をした。提示した課題は，「シュート率」の問題である。

A は12本中9本，B は10本中8本入った。どちらがよくシュートが入ったと言えるか。

先の学びを踏まえたイギリスの先生方の積極的な話し合いと活発な意見交換に驚かされた。そして，意見の中には，比例の学びを活かし，「倍比例」でシュートの本数を揃えようとする意見，また，次に示すような，シュートの入り方をブロックで起き，「均質性」を示す意見も表出した。

「自分たちが考えられたように，授業を変えれば，イギリスの子ども達も算数の本質を考えることはできるはず」と，多くの先生が強い気持ちをもたれたようであった。

日本にはあって，イギリスにはない？

森本隆史

5年生に与えた下の問題と，その問題を子どもたちがどのように考えたのかについて，紹介することからスタートした。

> 8分間で240Lの水が出る……A
>
> 12分間で300Lの水が出る……B　どちらのじゃ口の方が水がたくさん出るかな？

AもBも4分間にそろえて，どのくらいの水が出るのかと考える子どもがいる。4分間ではなく，24分間では水が何L出るのかと考える子どももいる。答えがわかったから終わりというわけではなく，1分間あたり何L出るのか，他にもそろえることができる数があるのかなど，子どもたちは次から次へと考えようとする。ノートには，上のようなものもあれば，数直線を書いている子どももいる。子どものノートの写真もいくつか撮っていたので，現地の先生方にたくさん見せてみると，先生方は子どもの表現力に関心を持っていた。

次に，日本では比例的推論がどのような場面で出てくるのか，2年から6年の大まかな流れについて紹介した。そのときに，5年「小数のかけ算」の事例については，教科書に載っている問題を子どもたちがどのように考えたか，くわしく説明した。

「1m80円のリボンがあります。このリボ

ン2.3mは何でしょう」という問題である。

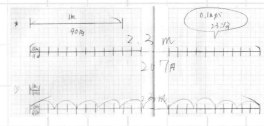

上の数直線は (90÷10)×23という式を表している。はじめに0.1m分の値段を求めてから23倍するというもの。下は (90×23)÷10という式で求めている。23m分の値段を求めてから10でわって2.3m分の値段を求めるというもの。子どもたちは上の考えについては「ちぢめて，のばす」，下は「のばして，ちぢめる」という表現で表した。

このようなことを，イギリスの先生方にいくつか紹介していった。話の途中に，先生方から質問が出てきた。その多くは，数直線についてだった。「どのような指導をすれば，このようなものを書いて考えることができるのか」「何年生から指導しているのか」など質問の内容から鑑みるに，イギリスでは，数直線を使うという文化はないようだった。

そもそもイギリスでは，子どもたちが比例的に考えるということが少ないのかもしれない。数直線には多くのよさがあるので，これからも子どもたちが考えるときに役立つようにしていきたい。

「数の関係」に「倍」をとらえ,「倍」で大小をくらべる

―かけ算―

大野　桂

❶ 2学年算数で「倍比例」を意識して問題解決する問題をあえて強引に考えてみる

問題解決に「倍比例」を意識する必要がある場面は大きく2つある。1つは,「ともなって変わる2つの量」などで扱う,2つの変化する数量の依存関係に「比例」を見出し,それを用いて未知の数量を推論する場面である。もう1つは,「割合」「単位量あたり」で扱う,基準量が異なるものの大小を比べる際に比例を仮定して数量を揃える場面である。

しかしながら,第2学年の問題解決場面では「倍比例」を意識することが必要となる場面はまだない。そう考えたとき,第2学年では,「倍比例」を意識させるためにどのような場面を設定したらよいのか少々悩むが,あえて2年で「倍比例」を意識させる場面を強引に作り出そうと,次のような場面を考えてみた。

> 1皿に2個のイチゴが乗っています。

> 4皿あるときイチゴは2×4＝8［個］です。では,8皿に増えたとき,イチゴはいくつ増えますか。

このような問題に直面したとき,子ども達には「倍比例」を用いて次のように解決して欲しいわけである……。

$2 \times 4 = 8$
2倍↓　↓2倍
$2 \times 8 = 16$

2倍

$8 \times 2_倍 = 16$

皿が4枚から8枚に2倍になったから,イチゴも8個の2倍になって16個

この例のような,「式と答えの関係」に「倍比例」を見出そうとする姿を2年生に期待するわけであるが,このような姿を期待してよいのか,そもそもこのような学習をあえて2年で扱う必要があるかについては,やはり悩ましい。正直,3年生でもよいと思う。

しかしながら,「倍比例」まではいかなくとも,「4枚から8枚に2倍になった」のような,数の関係に「倍」を見出すことの経験と,その「倍」で大小をくらべるような経験は,割合の素地的指導になることを考えても,簡単な数値でしておくとよいのではと感じる。

❷ 数の関係に「倍」を見出し,「倍」で大小を比べる授業の実際

そこで,数の関係に「倍」を見出し,その「倍」で大小を比べる授業を実際に行ってみた。これが提示した問題である。

テストをしました。Aさんは，1回目のテストで2点でしたが，2回目のテストでは6点に上がりました。Bさんは，1回目のテストで4点でしたが，2回目のテストでは8点に上がりました。

問題：AとBのどちらの点数がよく上がったと感じますか？

（1）どちらも4点上がったから同じ

まず表出したのが，数の関係に「差」を見出し，「同じ」と判断する反応であった。

素直な反応であり，当然，表出するものである。

（2）「Aの方がよく上がったと感じる」

ところが，6人の子どもが「Aの方がよく上がったと感じる」と述べた。そう感じた気持ちを聞くと，次の板書に示すように答えた。

これは，1回目のテストの点数を基準，すなわち1としたとき，2回目の点数がどう見えるかという，まだ数値には表れず感覚ではあるが，暗に「倍」を捉えている反応であると私は捉えた。

（3）「4じゃない数がある」「3と2」

「倍」を顕在化させるべく，「そう感じるだけで，実際はどちらも4点上がったわけだし，やっぱり同じかな？」と裏を問う発問をした。

すると「感じる理由がある」という反応が返ってきた。さらに，「4じゃない数がある」「3と2」と述べた。まさに，数の関係に「倍」を見出した瞬間であった。

実は，「倍」を捉えようとする感覚が子どもにあるのかを知りたかったので，「倍」は未習の状態でこの実践に臨んだ。そして実践から，子ども達には「倍」を捉えようとする感覚があることがこのことから分かった。

子ども達が話した内容は，板書に示す通りである。子ども達が，数の関係に未習である「倍」を見出し，その関係である「倍」を用いて大小くらべを行った姿を，板書から感じていただければと思う。

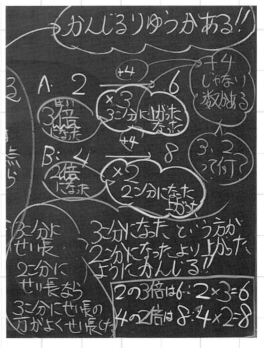

2年生では，「倍比例」まではいかなくとも，数の関係に「倍」があることを感じ，その「倍」で大小くらべることがあることの経験をさせることは，この実践から大きな可能性があると感じた。

算数授業研究, 2024, No.151

Raising Children to Reason Proportionally

乗除法の背景にある
比例に迫る

―日常事象の考察を通して―

田中英海

❶ 乗除法の背景にある比例

　3年で比例に主に関連するのは，九九で求められるわり算，倍の計算，かけ算の筆算である。比例関係がいえないとかけ算やわり算ができないが，教科書の乗除法の場面で子どもがその立式を疑うことはほぼない。また，1つの式で解決できてしまう数値がほとんどであるため，二量の関係に目を向ける必要もない。しかし，整数の乗除を対象とする中学年のうちから，前提としている比例に気付いたり，活用したりする時間をつくりたい。1つの方法として，日常事象で比例している二量を問題として扱うことを提案したい。日常事象を数学化する過程，結果から事象を振り返る過程は，比例を仮定したり内在している比例に気付いたりする機会となる。

　教材とした横断歩道の待ち時間表示のめもりは，待ち時間が減るに伴って，めもりの数が減っていく。地域によっては身近な事象で，時間という連続量に対してめもりが分離量で

表示されていること，時間とめもりの減り方が一定であり比例関係が内在していることが3年生にも分かりやすい。

❷ 帰一法と倍比例で解決できる数値

　実施した授業では，【4めもり36秒】の赤信号の動画を見せて，青から赤に変わった瞬間の時に何秒で変わるのかを問題とした（最大のめもりは8である）。

　まず，子どもは1めもりの秒数に着目した。1めもりが分かれば，その秒数の何倍かで最大のめもりが求められることをつかんでいった。36÷4＝9（1めもりの秒数）を求めて，9×8＝72（秒）という帰一法の考えを見いだした。めもりに関する4÷1＝4（倍）や，8÷1＝8（倍）という式は難しいかもしれないが，÷4や×8はどこから出たのかを問い返すことで，時間と伴ってめもりが÷4や×8という伴った変化があることを発見させた。

　また，4めもりと8めもりから2倍の倍比例の関係を見いだし，36×2＝72（秒）と計算できた。どうして2倍なのかを問い返すことで，8めもりと4めもりの関係が2倍になっていることを発見させた。

❸ 帰一法や倍比例で解決できない数値

　次時に【6めもり27秒】の赤信号の場合，

8めもりの待ち時間を問題とした。この数値設定では，1めもりの秒数を求める帰一法，倍比例も小数倍であるため，整数のわり算までが既習の3年生では解決が難しい。この問題は【2めもり9秒】という数対を1として発見することで解決に至れる。しかし，【2めもり□秒】という÷3の関係を発見することには困難さが見られた。

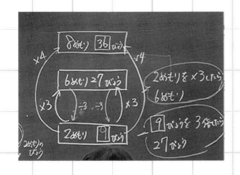

授業では短冊のように数対の関係を表したことが解決への手がかりとなり，数名の気付きを広げて図や式で整理していった。

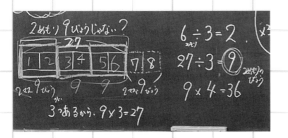

やはり，3年生では比例的に考えることが難しいのか。それとも数値の問題なのか。

❹ 比例を捉える3年生の姿
①2倍や半分，3倍など乗法で捉える

【6めもり27秒】という問題提示の際，「12めもりだったらいいのに」「3めもりでもいける」「9めもりだったらいいな」と2倍や÷2，÷2×3という関係で解決できる見通し

をつぶやいていた。まさに比例を前提に捉え，解決に活かそうとする姿といえる。

3年生は，数量の関係を乗法で捉える子が多い。特に2倍，3倍，4倍や，2倍の逆の半分の関係は捉えやすい。÷3の関係は見つける難しさがあったが，【3めもり27秒】というような九九が見えやすい数値であれば÷3も見えるのではないか。かけ算やわり算と分数を関連づけたりする学習と共に，3倍と÷3，$\frac{1}{3}$などでも，関係で捉える力は高まっていくだろう。

②乗除法できない場面から比例を捉える

乗除の計算ができない数量は，比例関係がない。先の待ち時間表示の実践では，「いんちき信号」とめもりの減り方が一定でない信号を見つけた報告があった。実際に最後の1めもりだけ秒数が違う信号が存在するようだ。

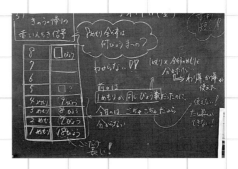

二量が比例関係になっていない事象と向き合った時に，かけ算やわり算が使えないことを意識した。そして，かけ算やわり算が使える時は1つの量が同じで変化が一定であることをつかむことができた。乗除の前提にある二量の比例関係に気付いた姿といえる。比例の理解を深めるための，比例でない事象の教材開発や指導は今後の研究課題としたい。

算数授業研究, 2024, No.151　　*45*

Raising Children to Reason Proportionally

「そろえて比べる」

比較する文脈の中で、子供のもっている比例のイメージを引き出し、価値付ける

東京都立川市立西砂小学校　小泉　友

❶ 4年生で「そろえて比べる」活動を

4年生の「簡単な割合」では、あるものを基準とした倍を用いて比べる経験をし、5年生の「単位量当たりの大きさ」の学習では、異種の二つの量の割合で表す数量があることを学習する。この2つの間に、「そろえて比べる」活動を設定した。比べるために、比例関係を根拠に、2倍の量でそろえたり、1あたりの量としてそろえたりして比べていく。子供たちはあくまでも2倍の量、1あたりの量と考えていく。この経験によって、ばらばらなものを「そろえて比べる」こと、そろえる方法は多様にあることを実感できる。

4年生の段階で、整数値において「そろえて比べる」経験がその後に生きると考えた。

3つの商店で売っているリボンを見せ、「どのお店がお得かな？」と問い、3つのお店

	長さ	代金
尾形商店	2 m	14円
小泉商店	4 m	20円
加固商店	7 m	35円

を比較する。2mと4mを比較すると、「長さが2倍になるから代金も2倍になる」という比例関係を考えて解決していく。3つのお店を一度に比較するのなら、1mあたりの代金を求めて比較する。ここにも、比例関係がある。多様な「そろえて比べる」を経験していく中で比例関係のイメージを引き出し、価値付けていくことが出来ると考えた。

❷ 実際の授業

「お得なのはどのお店かな？」と問い、実物のリボンを提示した。「長すぎる！」「黒板に貼れない！」など様々につぶやく中で、「値段は何円ですか？」という質問が出た。「どうして値段が分からないとだめ

なの？」と問い返すと、「長さだけではお得かどうかを確かめることが出来ない」「全部の値段が同じだと長い方がお得」と教えてくれた。値段だけでも長さだけでもなく、値段と長さという2量の関係から「お得」について考えていこうとする姿を価値付けた。

今回の実践では、3つの長さと代金を同時に提示した。倍の関係だけではなく、1mあたりにそろえるという考えを引き出そうと考えていたからである。

「難しい……」と困っている子に「どうして困っているの？」と聞くと、「長さも代金もばらばらだから。」ということだった。そこで、「このお店とこのお店の2つだったら簡単だ。というお店はあるかな？」と聞くと、

比例 的に考える 子どもを育てる

「尾形商店と小泉商店は比べやすいよ。」という子と「全部比べられる。」という反応があった。1mの代金が見えている子、2倍の関係ならば比べられると考えている子がいることが見えた。まずは、2つのお店の比較をすることとし、長さを4mにそろえて比べるアイデアを共有した。

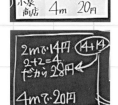

右板書にある、言葉での説明に表情を曇らせている子がいた。1mあたりを求めて比べることはできている子だった。「この子の表情が変わるまで困り感に寄り添おう」と決めた。黒板にテープの図を書き直した。

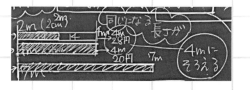

この図を使った説明、そして、その後、式による説明。その言葉と図と式がつながったからだろうか、「あ〜、そういうことか！」と曇って

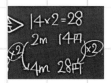

いた表情が明るくなった。

その後、3つのお店を一度に比べることが出来る方法を共有していくこととした。

「このわり算は何を表しているのだろうか？」を問い、商を解釈していくと、「1mの値段を求めている。」ということが見えてきた。1mの値段を求めることで、3つのお店を一度にくらべることができる。

「4mにそろえる」「1mあたりにそろえる」、そろえる見方を使って比べたことについて板書をもとに振り返り、授業を終えた。

❸ 振り返って

「2つ分」という累加のイメージと、比例関係を根拠とした「2倍」は同じようで異なる。この意味の拡張は5年生の小数のかけ算において行われる。今回の授業で、言葉による説明はまさに累加のイメージだった。図の説明も、言葉の説明を補足していることから累加のイメージが強い。最後の式の表現には比例を根拠とした倍の関係が見えている。整数値ではこの違いを明確にすることは難しい。しかし、表情が明るくなった子に「何に困り、どうして『あ〜』となったのか？」を問い返し、もう一歩、この子の気持ちに寄り添うことで、「2つ分」と「2倍」のつながりを全体で共有することができたのではないかと思う。

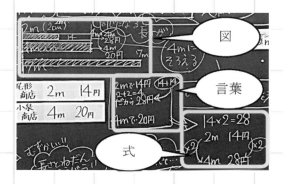

Raising Children to Reason Proportionally

倍で比べるよさを
味わう子ども

中田寿幸

❶ 簡単な割合「ジャンプ力を比べる」

「整数倍で表される簡単な割合」の1時間目に，動物のジャンプ力（高くとぶ力）を比べる学習を行った。

授業は次の画面を提示することから始めた。

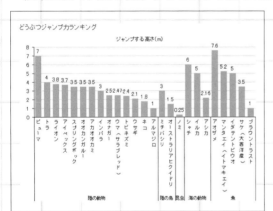

グラフは以下のサイトから使用した。

社会実情データ図録（https://honkawa2.sakura.ne.jp/4171a.html）

「ピューマは7mもとんですごい！」

「シャチの6mもすごいよ。シャチはよくとぶよね」

「もっとすごいのはアオザメ。7.6mで一番高くとぶよ」

グラフの長いところに目が行く。逆に0.25mのノミが低いことにも目が向けられた。

「ノミは0.25mで一番低いけど，体がすごく小さいから，ジャンプ力はあるんじゃないかな？」

「体の大きさが違うから，高さだけでは比べられない」

「体の大きさの何倍かで比べなければ，ジャンプ力はわからないよ」

グラフを読み取りながら，子どもたちはそれぞれの動物の体の大きさを知りたくなった。

比例的に考えるとき，何を元にして比べようとしているのかを子どもに見出させたいと思う。ジャンプ力には体の大きさが関係してくる。体の大きさが大きいほど高くとべるのはイメージできる。まったくの比例ではないが，体が2倍，3倍になればとぶ高さもおおよそ2倍，3倍になっていくとみることができる。

体長は私から伝えた。インターネットで調べたおよその体長の範囲の中から計算しやすい数値とした。（　）内が体長

ピューマ　7m　　（140cm）

シャチ　　6m　　（6m）

アオザメ　7.6m　（380cm）

ノミ　　　0.25m（2mm）

ここで改めて聞いた。

『ジャンプ力がすごいのは？』

それぞれ体長の何倍とんでいるのかを計算して求めた。

ピューマ　700÷140＝5（倍）

シャチ　6(m)÷6(m)＝1（倍）

アオザメ　760÷380＝2（倍）

ノミ　250÷2＝125（倍）

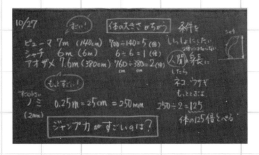

　子どもの関心はノミのジャンプ力に向かう。

「ノミってすごいなあ」

「体の125倍もとべたら，どのくらいとべるのだろう」

❷ 元にする量を変えて比べる

　ジャンプ力を倍で比べたあとは，ノミの125倍がどれだけすごいのかを，他の動物が125倍とんだらどうなるかを計算し始めた。

「もしもシャチが125倍飛んだら，6×125だから750 m も飛ぶことになる。スカイツリーよりも高い所までとぶことになるね」

「私は身長138 cm なので，125倍は17250 cm ＝172.5 m もとぶということ。ありえないと思う」

　倍を比べるだけでなく，元にする大きさをそろえたら，どのくらいとべるのかを体の大きさととび上がる高さが比例しているとみて比べていくのである。

　ノミという小さいのにジャンプ力がけた外れに大きな動物を出すと，子どもはジャンプ力を飛んだ高さと体長との差で求めようとはせずに，体の大きさを元に倍で比べようとする。倍で比べるよさを強く印象づけていくことになった。

❸ ゴムの伸び方を比べる

　次の時間にはゴムの伸び方を比べる学習を行った。差で比べることをしている中，「昨日のノミのように比べるといい」と倍で比べる方法が出された。子どもたちは「のび度」という言葉を作って，ゴムの伸び具合を倍で表して比べていった。

　ゴムを使った割合の学習では，「差で考える」ことから抜け出せない子どもがいる。「差で考えるのもありだね」「差で比べればのび方は同じだ」と考える子どもが一定数出てしまうことが私の中では課題となっていた。

　差で考えると一番とべていないノミだが，体の大きさを元に考えると明らかにジャンプ力があることがはっきりしているので，倍の考え方のよさが受け入れられたと見ている。この見方でゴムの伸び方も同様に倍で比べられたと考えている。

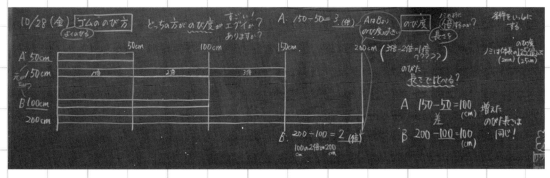

Raising Children to Reason Proportionally

かけ算やわり算の
式で求められるかな？

夏坂哲志

❶ 「小数のかけ算」の導入場面

小数のかけ算の場面で，次の問題を扱った。

「1 m の重さが□ g の針金があります。

この針金4 m の重さは何 g でしょうか？」

□の中に，はじめは整数を入れて立式させ，続いて小数の場合について考えていく展開をねらった提示である。

予想通り，ほとんどの子が「□の中の数がわからないと，答えは出せない」という反応を示したのだが，Y君は，「□×4を計算すれば求められる」と言った。

□×4という式は，答えが「□ g の4倍の重さ」になることを意味している。

この式で表してよいか，他の子たちにも尋ねたところ，K君は次のように説明した。

「4 m は1 m の4倍だから，重さも□ g の4倍になるはずだ。だから，□×4でいいと思う」

この言葉から要素だけを抜き出せば，次のように表すことができる。（⑦は答えの値）

$$\times 4 \left(\begin{array}{cc} 1\,\text{m} & \square\ \text{g} \\ 4\,\text{m} & ⑦\ \text{g} \end{array} \right) \times 4$$

「長さが4倍になれば，重さも4倍になる」という比例関係がそこにあることを，暗黙のうちに認めていることがわかる。

「×4」は，4 m という長さをかけているのではないのである。

□の中が整数の場合でも，小数の場合でも，この関係が成り立つことを確認してから，この後の「小数のかけ算」の学習を進めていくことができた。

❷ わり算の答えを考える

わり算の文章題で，次の4題を順に提示し，それぞれの答えについて考えてみた。

---

① 豆腐が18丁あります。4人で同じ数ずつ分けると，1人分は何丁でしょうか？

② キーホルダーが18個あります。4人で同じ数ずつ分けると，1人分は何個でしょうか？

③ ペットボトルに水を入れました。4分間で，水の深さが18 cm になりました。水を入れ始めて1分後の水の深さは，何 cm だったでしょうか？

④ 4 m の鉄の棒があります。重さは18 kg です。この鉄の棒1 m の重さは何 kg でしょうか？

---

①の問題については，「1人分は4丁で，2丁あまる」と答える子がいる。これも間違いではないが，「あまった豆腐も分けた方が

いいよ」という意見も出てくる。あまった2丁を4人で分けるならば，1人分は「4丁と半分」や「4.5丁」という答えになる。

①の問題を扱った後，②の問題を提示すると，「今度は，あまった2個のキーホルダーを分けることはできないね」という話になった。だから，「1人分は4.5個」のような答えは，この場面では不適当だということになる。

①も②も式は「18÷4」である。けれども，具体的な場面で考えると，わり進めて答えを求める問題と，それができない問題があるということである。

①と②の問題で，具体的な場面を思い浮かべながら式や答えを考えた子たちは，③をどのように考えるだろうか。式や答えを吟味するのではないかと期待をしながら，子どもに答えを尋ねてみたが，次のように答える子が多かった。

（式）18÷4＝4.5　（答え）4.5 cm

そこで，問題文の横にペットボトルの絵をかいてみることにした。

ペットボトルは太さが一様ではなく，凹凸もある。そのことを少し誇張した絵を黒板にかくと，それを見たSさんが，「4.5 cm じゃないかもしれない」とつぶやいた。この言葉の意味が，なかなか他の子には伝わらない。

Sさんが言った意味を理解した子たちが，「ペットボトルは，凸凹がある」「上から下までずっと同じ太さだったら4.5 cm になるけど，ペットボトルはそうなっていない」「水槽みたいな入れ物だったら計算できるけど，ペットボトルだと簡単に計算できない」と口々に言い始めた。

このイメージがだんだんと全体に伝わっていき，最終的には「求められない」という答えになった。

この後，④の問題について考えることにした。③の問題の直後だったため，「その鉄の棒はどんな形をしていますか？」という質問をする子がいるかもしれないと期待したが，そういう子は一人もいない。

そこで，子どもたちがノートに向かっているうちに，知らん顔しながら次の絵を黒板にかいた。

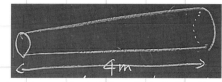

すると，子どもたちは怒り出す。「そんな棒じゃない」と言って。

④のような問題の場合，暗黙のうちに，金属の棒は太さが均一な円柱状のものと考えて処理をしている。太さが均一で，重さが長さに比例しているから，18÷4の計算が成り立つのである。

このような場面設定は，あまり好ましくないという意見もある。確かに，やり過ぎると混乱を招くだけかもしれない。

しかし，比例関係が成り立つかどうか，かけ算やわり算が使えるかどうかを，少し立ち止まって考える経験も必要ではないだろうか。

比例的に考えることの妥当性の検討

―5年「速さ」の授業実践を通して―

東京学芸大学附属竹早小学校　平山秀人

❶ 比例的に考えることの妥当性

　現実場面の中には，比例をモデルとすることのできる事象を多く見つけることができる。そのため私達は，生活の中で量や度合いの大きさを数値で表したり，判断・推測したりする際，比例的に考えることが多い。ただ，当然のことではあるが，やみくもに「一方を○倍すればもう一方も○倍する」とすればよいという訳ではない。事象の観察や日常生活の経験から，比例的に考えるのが妥当かどうか判断する力も，子ども達が身につけていけるようにする必要があると考える。

　小学校の学習内容の中で，比例的に考える妥当性について，その判断が難しいものとして，第5学年「速さ」が挙げられる。速さの公式が，（速さ）×（時間）＝（道のり）とかけ算で表されるのは，速さを一定と仮定した時に，「かかる時間と進む道のりは比例する」と考えられるからである。しかし，速さを一定に保ち続けることは自動運転の機械でもな

い限り難しいし，速さを一定に保ったとしても，加速段階のことや，進む時の周囲の環境のことは無視しなくてはならない。それでも，速さを一定と仮定して比例的に考えるのは，それを生かして判断・推測することが妥当だと感じられる場面があるからだと考える。

❷ 5年「速さ」の授業構想

　上記に基づき，子どもが，速さを基に比例的に考えて目的地までかかる時間を予測し，その妥当性を検討・実感する授業を構想した。

　まず，授業者が「最寄りの駅まで学校から歩いて向かいたい」という目的を示す。道のりは3km前後とし，疲労で歩く速さが落ちる心配が少ない設定とする。このような場面であれば，「その時にかかる時間を推測できるか」という問いに対して，子ども達は「速さが分かれば（比例的に考えて）推測できる」と考えることが期待できる。授業者の速さを確認した上で，推測する方法を考える。例えば，「分速75m」すなわち1分で75m進むと仮定すれば，2分で150m，3分で225m…と比例的に考え，3kmであれば3000÷75＝40（分）と求められる。このままの値を推測値とする子どもが多いならば，速さを一定と考えていることを確認し，現実場面を想起しながら再検討する。「全く同じ速さで歩き続けるのは不可能」という前提はありつつも，「歩きで3km位だったら，だいたい行ける」「信号で止まる時間を考えて，＋5分する」など，この場面において比例的に考えることの妥当性をある程度認めつつ，状況に応じ修正案を考える子どもの姿を期待したい。

❸ 授業の実際

　構想した授業は，令和6年1月に神奈川県の公立小学校において，飛び込みの1時間で実施させていただいた。速さに関する学習は，教科書に沿って一通り済んだ状況である。

　小学校から最寄りの駅までは，地図上で確認すると約2.6kmであった。そこまで歩いて帰りたいことを伝えると，すぐに「歩いて行ったことがある」「15分くらいで行ける」と子ども達から声が上がった。「大人と子どもだと違う」「歩く速さが違うから……」と速さに着目した発言が出てきたので，全体に「速さって駅までかかる時間に関係する？」と問うと，全員が「関係する」と反応した。そこで，「教師の速さを実際に測定し，それをもとにかかる時間を推測しよう」と投げかけた。子ども達と協力して授業者の速さを測定すると，ゆっくり歩いたこともあり分速65mとなった。

　自力解決時，子ども達のほとんどは2600÷65＝40（分）とわり算で求めていた。1名の子が65×15＝975（m）と求めた所で手を止めていたので，15分間で進む距離を求めたことを確認して，道のりの半分弱まで進めたので残りをどうするか考えるよう声をかけた。

　集団検討は，2600÷65＝40の計算の意味を確認することが中心となった。「長さを長さで割ってなぜ時間が求められるのか」と問うと，最初は戸惑っていた子達も，図をもとに計算の意味を解釈し始め，「1分で65m」が40回分取れる，時間も道のりも「1分で65m」の40倍になると比例的に考えている

ことを確認できた。ここで，「40分」以外の推測結果は見られなかったことから，「この計算は，実際にはどんな風に歩いているということ？」と全体に問いかけた。授業者がどこでもずっと同じペースで歩いていることを確認し，「それってどう思う？」とさらに問うと，子ども達は「走るのは無理だけど，歩きならいけるだろ」「疲れて遅くなる」「信号で3分くらい待つ」「途中でコンビニ寄るとか」と，思い思いに話し始めた。「もう少し時間がかかるかもしれない」と自分の考えをノートに書き表していた一人の子を紹介し，予測時間はどうすればいいか問うと，40〜45分程度が妥当，という意見で最後はまとまっている。

❹ おわりに

　授業実施の帰り道，速度一定を意識して時間計測とビデオ撮影を行うと，40分08秒という結果であった。出来過ぎな結果だが，信号待ちも何回かあった中，ほぼピッタリになったのは，長い距離を歩く内に自然と速さが上がる場面があったのだと考える。このビデオと結果を授業した学級に送らせて頂いた。子ども達が比例的に考えることの妥当性をさらに検討する一助となれば幸いである。

Raising Children to Reason Proportionally

二つの数量を決めて
比例的に考える
5年「体積」

森本隆史

5年生の体積の学習をしていると，1 m³は何 cm³なのかということに対して，イメージがもてないまま，適当に答えてしまう子どもたちを何度も見てきた。

1 m は100 cm だから，100×100×100で，1 cm³が1000000こ集まると，1 m³と同じ体積になるが，実際に並べることは難しい。そこで，少しでも子どもたちが量を体感して，イメージができるように次のようなことをした。

一辺が5 cm の立方体を子どもたちに見せて「この立方体が何こあったら1 m³になるかな」と，問うた。

はじめに，一辺が5 cm の立方体の体積を求めた。5×5×5＝125なので，立方体1つの体積は125 cm³だとわかる。

この立方体を横に1つ，2つ，3つと並べていく。2つで250 cm³，3つで375 cm³とイメージと体積がつながっていく。ある子どもが「8こで1000 cm³になる」とつぶやく。「どうしてすぐにわかったの？」と尋ねてみ

ると「250を4倍すると1000になるから，2こ の4倍で8こ」と答えた。比例的に考えていることがわかる。

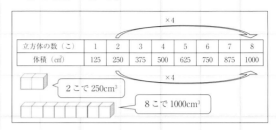

立方体の数（こ）	1	2	3	4	5	6	7	8
体積（cm³）	125	250	375	500	625	750	875	1000

2こで250cm³

8こで1000cm³

1000という数は切りがよいので8こで1000 cm³になるということがわかるのは気持ちがよい。しかし，本題とはずれていることに多くの子どもが気づく。「8こで1000 cm³になるのはわかるけど，この立方体が何こあったら1 m³になるかを考えているから全然ちがう」「1 m³は，一辺が100 cm の立方体だから……」と，話が戻ってくる。何について考えようとしているのか，よくわかっている。

子どもたちは「立方体の数」と「体積」という2つの数量の比例関係について話していた。しかし，最初に話題になるべきは「立方体の数」と「一辺の長さ」である。

「一辺が5 cm の立方体がどんなふうに並んでいくと，1 m³の立方体ができるのかな。近くの人と話してごらん」と，話題が「立方体の数」と「一辺の長さ」になるように，子どもたちに問うた。

子どもたちは「1 m³の一辺の長さは100 cm だから5 cm の立方体が20こ並べられるよ」と，話し始めた。20こなら，実際に並べることができるので，子どもたちと並べて確認した。

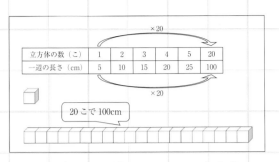

立方体の数（こ）	1	2	3	4	5	20
一辺の長さ（cm）	5	10	15	20	25	100

×20

×20

20こで100cm

　このように20こ並べることで，立方体の一部分ができた。この後，どうすればよいのか，改めて考える。

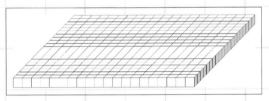

　奥にも5cm の立方体が並ばないといけないということを子どもたちは話し出した。ある子どもが「20このまとまりが20こほど奥に並ばないといけない」という表現をした。2500cm³の棒状の形が20こほど奥に並ぶということを，上の図のように黒板にかいた。

　もともとは，一辺が5cm の立方体が何こあったら1m³になるかと，子どもたちに問うているのだが，1m³が何cm³になるのかということもしっかりと考えさせたい。

　この場面で，子どもたちに「20このまとまりが20こって言ったけど，全部で何こあって，何cm³なんだろうね」と言った。ある子どもが，20×20＝400，125×20×20と，2つの式を発表した。「20×20はわかるんだけど，125×20×20の式はどうして出てきたの？」と尋ねてみた。すると，右上のように表をかいて「だって，こんな感じで比例しているでしょ」と説明してくれた。

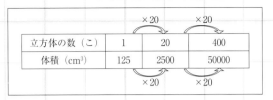

立方体の数（こ）	1	20	400
体積（cm³）	125	2500	50000

×20　　×20

×20　　×20

　子どもたちは何となく，比例しているということはわかっているが，このように表や図で表すことで，比例的に考えることができるようになっていく。

　一辺が5cm の立方体を400こ敷き詰めると，50000cm³になるということがわかった。1cm³を10000こ敷き詰めようと言われると，できそうにないが，125cm³を400こ敷き詰めようと言われると，なんかできそうな気がする。実際は400こ並べるのも大変だが。

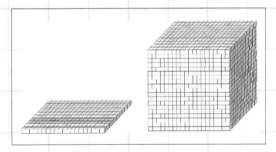

　最後に「400こを20段重ねると1m³になる」と，子どもたちが言った。下のような表もかき，個数が20倍になって8000こ，ついでに体積も20倍なので1000000cm³になるということをみんなで共有していった。横や奥，高さへと広がっていく見方ができていた。

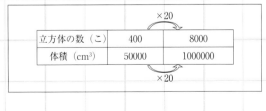

立方体の数（こ）	400	8000
体積（cm³）	50000	1000000

×20

×20

割合の導入

盛山隆雄

❶ 割合の導入で乗り越えるべきこと

　割合は，2組の数量の関係同士の比較の際に用いられるものである。本単元の導入段階では，子どもが割合の考えを身につけるために留意すべき点が2つあると考えている。

　1つは，差で比べる子どもの見方を，いかに割合で比べる見方に変容させるかということである。本単元では，場面や目的に照らして割合の見方が妥当であることを納得させることが大切である。しかし，この点については，4年生の整数で表される簡単な場合についての割合の学習や，5年生の単位量あたりの大きさの学習で議論した経験があるので，乗り越えやすいと考えている。

　もう1つは，割合で比べる場合には，比べるために必要となる2つの数量の関係について，比例関係を前提として捉える見方ができるかという問題がある。この数学的な見方により，ある数量の関係と別の数量の関係をどちらも基準量1にそろえて，それぞれの比較

量の大きさで比べることができる。本時では，この比例関係を前提として割合で捉える見方を育てる導入授業を行った。

❷ 実際の授業

(1)「周期」という独創的な見方

　バスケットボールのシュートの場面を取り上げた。巻物になっている表を下のように見せていき，4回シュートを打った成績のところで止めた。そして，「誰がいちばんよくシュートが入ったと言えるかな？」と問うた。

たかお	○	×	○	×
たけし	○	○	○	×
かおり	○	○	×	○

　子どもたちは次のようなことを話した。

　「3回入っているからたけしとかおりがよく入っていると言えます。」

　この段階では，シュート数が同じなので，入った数で比べることができることをおさえたかったのだが，意外にもこの段階で次のような考えが現れた。

　「たかおは，2回に1回，たけしは4回に1回，かおりは3回に1回×がくる周期があると思います」

　このとき，次のように問い返した。

　「周期ってどういう意味かな？」

　「巻物だから，まだ先があるでしょ。<u>このペースで×が出てくると思います</u>」

　この子どもは，×が出てくるまでのところを1つのユニットと考え，これから先もこのペースで×が出てくるだろうと予想したのである。

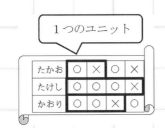

1つのユニット

「このペース」という解釈は，比例関係を意識することにつながると思われたので，この考えを共有する時間をとった。何人かの子どもに説明してもらったところ，たかおの場合は，「$\frac{1}{2}$入る」とか「2回に1回，4回に2回というペースで…」といった説明があった。2回と3回と4回というまとまりが見えたので，公倍数の12回のシュートを打った展開になることを予想する子どもたちもいた。

（2）シュート数が異なる場合の比較

いよいよ表の先を見ることにした。

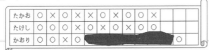

なんと，かおりの途中の○×が見えない。「これでは比べられないね」と言うと，子どもたちから「仮定することができる」という言葉が返ってきた。これまでも単位量あたりの大きさのところで，公倍数を使って比較するような場面で使ってきた言葉である。

「もしかおりが，3回に1回×になると仮定すると，12回中4回×。○は8回ということになります」

3回に1回×⇒ ○×○○×○○×
4回に1回×⇒ ○○○×○○○×

「もしかおりが，4回に1回×になると仮

定すると，○は9回ということになります」

（途中から×ではなく○の数で考えた方が比べやすいという意見が出たので，○の数の表現に移行した。）

出た意見を整理すると，次のようになった。たけしとの比較で，誰がいちばんかを決めるという展開である。

	○の数	シュート数
たけし	7回	10回
かおり①	8回	12回
かおり②	9回	12回

この後，かおり①とたけしを比較した。たけしは 7 ÷ 10 = 0.7，かおり① は 2 ÷ 3 = 0.666……とした。シュート数を1と見た場合，○の数は，たけしは0.7，かおり①は0.666……なので，たけしの方がよくシュートが入ったという結論である。

このとき，かおりの計算式が重要であった。なぜ 8 ÷ 12 としなかったのか。発表した児童は，「3回のうち2回○の場合と，12回のうち8回○は，同じでしょ。」と話した。周期の見方で仮定した12回のうちの8回○は，シュート3回を4倍（4回分）にして12回，○の数2回を4倍（4回分）にして8回とした。比例関係を前提に考えていることと同じであった。その場合，シュート数が異なっても割合は一定なので，比較に用いることができる。

かおりのシュートの記録を見えなくすることで，子どもたちから比例関係を仮定した見方で問題場面をつくり，割合の見方で比較させる導入授業の提案である。

Raising Children to Reason Proportionally

比例の考えから
比へつなぐ

別府市立亀川小学校　**重松優子**

❶ 比と比例関係

　比と比例は同じものを想像しがちであるが，意味が少し異なっている。

　比は2つの数量の割合を表す。比の値が等しいとき，等号で示された2つの比が同じである，という言い方ができる。（5：10＝1：2）a:b で表されたものを a が b の何倍かを表す，割合であるということだ。

　比例は簡単に言うと $y=ax$ で表されるように2つの伴って変わる数量の関係性を表している。「割合という言葉は，比例を前提，ないし仮定して，2つの数量の関係を捉えたり，表現したりするときに用いられる」（田端2006）とある。比の導入は表現方法になるので，新しく教えるという部分になる。しかし，単に表し方のみを教えるのではなく，内在する比例的な見方をすることで比の表し方をより深く理解できると考え，授業実践を行った。

❷ 割合に目を向けさせる

　『同じ味のカフェオレを作ろう』というこ

とで，6つのコップを準備した。色の違いで①：牛乳100 mL，②：牛乳80 mL にコーヒー20 mL，③：牛乳60 mL にコーヒー40 mL，④：牛乳40 mL にコーヒー60 mL，⑤：牛乳20 mL にコーヒー80 mL，⑥：コーヒー100 mL の6つである。

　その中で，学年部の先生におすすめの1杯を作ることになった。その先生がコーヒーが好きなことを踏まえ，「コーヒーが多いほうがいい！」と，⑤番のコップを選択した。しかし，「これをあげるには量が少ない！」「残りの牛乳で新しく作ってあげられない？」という話になった。

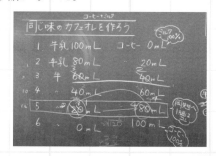

　残りの牛乳を量ると120 mL しかなかったため，子ども達に，『牛乳があと120 mL あるよ。コーヒーを何 mL 入れたら⑤のコップと同じ味になるのかな？』と尋ねた。

　すると，子どもから

「最初，⑤のコップは牛乳が20 mL だったじゃない？だから，100 mL 足せば120 mL になるんだから，コーヒーの方も100 mL たせばいいから180 mL になるよ。」

という発言があった。差でみている場合だ。

　子どもたちは「たしかに，その分増やせば

いい！」という子と，「えー？　なんか違う
気がする……」という子で分かれた。

　そこで，残りの牛乳で作ってみると⑤のコ
ップの濃さではなく，④のコップの濃さと同
じになった。

「えー!?　なんで？」

「濃さがちがう！」

　何が多いから濃さが違うかを問うと

「牛乳の方が多いから，白に近づいてる」
と視覚でも捉えさせ，牛乳とコーヒーの割合
が変わったこと
を確認させた。

「ってことは，
比率があわんの
か……」と。

❸ 比例で考え始める

「だってさ？　⑤のコップ見て？　牛乳の4
倍がコーヒーになってるの，分かる？」

「4ってどこからでてきたん？」

「80÷20したら牛乳の4倍になってるやん。
でも100mL足すと，180mLになって
120mLの4倍になってないよ？　濃さがち
がうやん」

と。みんなが納得し始めた時，

「20mLから120mLに増えたのを，100mL
増えたじゃなくて6倍になったって言い方で
きない？」と黒板の前に書き始めた子が現れ
た。

「⑤の濃さを作るのに，牛乳20mLにコーヒ
ー80mLだったってことは，そのコップ6こ
で120mLになる。てことは，80mLも6倍
して480mLになるじゃん。」

「そしたら，その考え使ったら新しい牛乳使
っていっぱい作ってあげられるんじゃ？」
ということで，牛乳が何mLだったら〜とい
う話になった。

　一人ずつにあて，1：4の比になる数を確
認するとある子から「1mLと4mL！」とい
う言葉が出たので，そこで比の表し方がある
こと，1：4が一番簡単な比になることを教
えた。

❹ 次に生かす

　この経験をしたことで，比の値を学習した
後に同じ割合の等しい比がたくさんできるこ
とが理解できた。比の前項・後項にかけたり，
わったりしても同じ比ができますと数字だけ
で教えるよりも子どもは考えやすかったよう
に思う。

　比で表されているものには実際に比例関係
がある場合とない場合がある。ない時には比
例関係を推定して考える場合がある。数学と
算数を繋ぐためにも，教材を考え，子どもが
なぜ両方にかけていいのか，など根拠を話せ
る場作りが必要だと思う。

〔参考〕

『算数教材研究　割合』（東洋館出版社）

『算数教育指導用語辞典（第5版）』（教育出版）

異種の量の比の一実践

～比の表現の根拠を考える～

東京学芸大学附属小金井学校　**加固希支男**

❶ 過去の異種の量の比の指導

　昭和22年の学習指導要領算数科数学科編（試案）の第11章「第六学年の算数科指導　三．比の意味を理解し，この観念を量や形に適用すること。（三）指導方法—児童の活動」の中に「4．比の値の意味について話し合い，その使用になれる。（図に表わして，数に表わして，速さや勾配について）」という文言があり，異種の量の比の扱いが一部見られるが，昭和26年小学校学習指導要領算数編には，異種の量の比の扱いは見られない。昭和26年の学習指導要領（試案）実施下の教科書を見ると，速さや仕事量等の異種の量の比を扱った教科書もあった。現行の学習指導要領では異種の量の比は扱われていない。

❷ 異種の量の比を扱うよさ

　和田（1959）は，割合という用語を必要とする理由として，「時には比と見たり，比の値と見たりするのが割合である。これが割合というものを必要とする第一の理由であると

思う」と述べるとともに，「異種の量についての比も考えたいからである」と述べている。その前提として，「要するに割合とは，二つの量，それが同種類であろうと異種類であろうと，これらを見比べるときに生まれてくる概念である」と述べている。

　通常，比は割合の表現の一つとして扱われている。しかし，異種の量でも比の表現を用いることができれば，何かを見比べる場面において，より柔軟に比を使って問題解決を行えるようになると考える。

❸ 比の表現の根拠

　異種の量の比を認めるためには，同種の量の比との共通性に気付くことが必要だと考える。子どもは，異種の量の比を扱うことに疑問を抱くことは少ないだろう。よって，「異種の量の比は使ってよいか？」ということよりも，「比を使える時はどんな時か？」ということを考えた方が，比の扱いを拡げることができると考える。そこで，異種の量の比を使った解法の根拠や解法過程で表れた数値の意味を問い，同種の量の比と異種の量の比の相違点や共通点を考え，二量の比例関係が成り立つ時に，比で表せることを理解させる。

❹ 実践の実際

**(1) 異種の量の比を使った解法の根拠に二量の
　　比例関係があることを理解する。**

　本実践で扱った問題は「ここに1kgの針金があります。何mかわかりません。でも，同じ針金で10mの針金は250gと書いてありました。」というものである。この問題場面を「$250：10 = 1000：x$」と表すと同時に，異

種の量の比になっていることを共有した。多くの子どもは、比の性質、もしくは、比の値を用いて問題解決を行った。下の写真は、それぞれの解法の説明を子どもにしてもらった際の板書である。

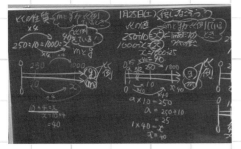

子どもは数直線を用いながら、解法の説明をした。数直線に用いることで、重さと長さの二量の比例関係が明らかになった。

(2) 同種の量の比と異種の量の比の相違点と共通点を見つける。

次に、同種の量の比を使った解法を教師から提示し、数直線を用いながら、解法の意味を考えてもらった。同種の量の比は比の値が割合になっているが、異種の量の比は比の値が単位量あたりの大きさ（$250:10=1000:x$ なら1mあたりの重さ）になっていること、そして、同種の量の比と異種の量の比の共通点として、重さと長さの二量が比例関係になっていることを明らかにした。

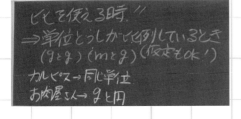

❺ 結語

二量の比例関係が成り立つ時に、比の表現ができることを子どもが理解することはできたと考える。二量の比例関係を理解する際、数直線を用いることは効果的だった。

文部科学省（2017）が「比では、上述したように、二つの数量の割合を一つの数で表すのではなく、簡単な二つの整数の組を用いて表す。」と示す通り、通常、比というのは割合を表す表現方法の一つである。割合とは、同種の量の数量の関係を表したものであり、異種の量の比を認めるかどうかは、比の意味を考え直さなければならなくなる。しかし、異種の量であっても、比の表現を用いて問題解決をする場面は、算数・数学に限らず、生活場面においても多々ある。本実践だけで、異種の量の比を認めることはできないが、異種の量においても比の表現を認めるのか、もしくは、比の意味を大切にしながら比の表現を同種の量のみとするのか等、異種の量の比の扱いを考えることは必要だと考える。

【参考・引用文献】
文部省（1947）「学習指導要領算数科数学科編（試案）」．日本書籍．P.93
文部省（1951）「小学校学習指導要領算数編（試案）」．大日本図書．Pp.154-155
塩野直道編（1956）「小学校算数六年上」．啓林館．Pp.27-29
和田義信（1959）「算数科指導の科学」．東洋館出版社．Pp.206,210-211
文部科学省（2017）「学習指導要領解説算数編」．P.305

比例的推論を働かせる求積学習

「円の面積」

青山尚司

❶ 「どうせ次は…でしょ？」

　子どもたちに右の輪の形を示し，面積の求め方を問うと「簡単だよ」という反応があり，外側の大きい円

の面積から，穴の部分の小さい円の面積を引けばよいことを説明し合った。「半径が知りたい」というので，内側が9 cm，外側が11 cmであることを伝えた。子どもたちはすぐに計算をし，ある子どもが次のように面積の求め方を板書した。

　11×11×3.14＝121×3.14

　9×9×3.14＝81×3.14

　(121−81)×3.14＝40×3.14＝125.6 (cm²)

　これに対して「×3.14以外をまとめれば計算が楽になる」という反応があった。

　次に，外側の半径が12 cm，内側の半径が8 cmの輪を示すと「同じじゃん」というつぶやきが聞こ

えた。何が同じかを問うと，「やり方」という反応が返ってきた。そして，先程と別の子が，式表現をそろえて板書した。

　12×12×3.14＝144×3.14

　8×8×3.14＝64×3.14

　(144−64)×3.14＝80×3.14＝251.2 (cm²)

　ここで，「わかった！　次は，120×3.14だ」と声を上げた子に，「どういうこと？」と問うと，「40×3.14，80×3.14って，40ずつ増えていくんでしょ？」という。また別の子は，「どうせ次は13 cmと7 cmでしょ？」と問いかけてきた。「どうしてそう考えたの？」と返すと，「外側の半径を1 cm増やして，内側の半径を1 cm減らしているから」という。用意していた3つめの輪の半径は，外側

13 cm，内側7 cm，子どもたちの予想は見事に的中である。これも子どもたちによって次のように求積がなされた。

　13×13×3.14＝169×3.14

　7×7×3.14＝49×3.14

　(169−49)×3.14＝120×3.14

　ここで，「気付いたことがある」という子が「面積が2倍，3倍になっている」と発言した。これは，「40×3.14」，「80×3.14」，「120×3.14」と，「×3.14」を残した式表現に着目した発言であった。また，「面積が増えるのは幅が広くなっているから」という発言があった。それぞれの輪の幅を確認すると，2 cm，4 cm，6 cmであり，輪の幅が2倍，3倍になると，面積も2倍，3倍になるとい

う比例関係が明らかになった。

❷ 「なんでそれで求められるの？」

次に，面積を求める式に，輪の幅がどう関係しているのかを問い，3つの輪の面積を次のように整理した。

A　40×3.14＝20×3.14×2
B　60×3.14＝20×3.14×4
C　120×3.14＝20×3.14×6

どれも「20×3.14×輪の幅」となっていることを確認すると，ある子が「20は2つの円の半径を足した数だ」と発言した。確かに内側の円の半径と，外側の円の半径を足すと，どれも20cmである。

また，輪の幅をどうやって求めたのかを問い，「半径の差」という言葉を引き出した。これを子どもたちと整理し，

輪の面積＝半径の差×半径の和×3.14

という公式を作ることができた。

しかしここで，「なんでそれで面積が求められるの？」と声を発する子がいた。

この問いに対してある子が，「輪っかを開いて棒みたいにすると，細長い長方形になる」と話しながら，下の図を板書した。

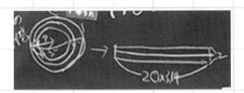

これに対して，「そうそう」という同意や，「ピザと一緒だ」と，円の求積公式を導き出した授業を想起するつぶやきが聞こえた。そして，変形した長方形の縦は，もとの輪の幅，

つまり「半径の差」で，横は2つの円周の間を通る円周，つまり，「直径の平均×3.14」であることを確認すると，「そっか，そうすれば，縦×横で求めることができる」という反応が聞こえた。

またある子が，「20は2つの円の半径を足した数だ」という発見をし，直径の平均が，2つの円の半径の和になっていることを3つの輪で確かめた。

こうして輪の面積を求める公式の意味が明らかになると，「やっぱり知っている図形にするとやり方に納得できる」という感想が引き出されたのである。

❸ 求積と比例的推論

本実践において，子どもたちは，方法の共通点や簡単に計算をする工夫を見出しながら，「次はこうなるんでしょ？」と，輪の幅や，面積に規則性を与えていった。

そして，その二量の比例関係を見いだし，輪の面積は，「幅」と「20×3.14」の積と捉えることによって新たな求積公式を作り上げたのである。

このように，二量の積をシンプルに考えることができる面積の学習は，子どもの比例的推論を引き出す場面を多様に考えることができる。

領域にとらわれず，資質・能力を育んでいく可能性を今後も探っていきたい。

算数授業研究, 2024, No.151　　*63*

「倍比例」を意識させる，2つの「比」の導入授業

～比～

大野　桂

❶ 「同じ味」で「倍比例」を意識させる

「同じ味」のコーヒー牛乳を作る活動を通して，「比」と「等しい比」の意味を獲得させることを目的に行った実践である。

(1) 「倍」の意識で同じとみる反応の表出

「2つの見本は同じ味」という気づきを引き出すべく，次の提示で授業をスタートした。

味の異なる2つの見本のコーヒー牛乳と同じ味のコーヒー牛乳をそれぞれ作ります。

〈見本1〉　　■　　　　　□
コーヒー1カップ　　牛乳1カップ

〈見本2〉　　■■　　　　□□
コーヒー2カップ　　牛乳2カップ

「2つの見本は同じ味だよ！」という反応が表出し，その理由を次のように説明した。

<del>〈見本2〉</del>　■▨　　□▨　｝コーヒー1 牛乳1が
見本1と同じ　■　　　□　　　2セットある。

コーヒー1カップ，牛乳1カップが2セットあるとみれば，見本2は見本1と同じ味。

「セット」，すなわち「倍」を意識することによる説明である。

(2) 「差」が等しいは「同じ」ではない

この理解が浸透したところで，見本3を提示した。そして，「同じ味を作るよ」といい，「コーヒーと牛乳をどちらにも1カップずつを加える」，すなわち「差」を等しくする誤答を提示してみた。

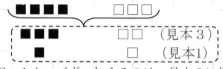

〈見本3〉　■■■　　　　□□
見本3と同じ？　■■■■　　　□□□
それぞれ1カップずつ加える

すかさず「同じ味じゃない」と意見が出た。

■■■■　　　□□□
■■■　　　□□　（見本3）
■　　　□　（見本1）

C　1カップずつ加えるのは，見本3に見本1を混ぜる味になる。

C　同じ味のセットではない，違う味を混ぜているから，同じ味にはならない。

(3) 「倍比例」を用いた「同じ」の意味

すると，「同じ味」にする方法として，「倍比例」を用いる考えが表出した。

C　コーヒーと牛乳1カップずつ加えるのではなく，見本3のセット，コーヒー3カップ，牛乳2カップを加えたら同じ味。

■■■　　□□　｝コーヒー3カップ 牛乳2カップ
■■■　　□□　　が2セット
コーヒー6カップ　　牛乳4カップ

C　コーヒーを2倍にしたら，牛乳も2倍にするということ。「比例」ってこと。

■■■　　　□□
2倍｛■■■　　□□｝2倍
　　■■■　　　□□

最後に「比」の表現指導と，「等しい比」は「倍比例」を根拠に成り立つことを指導し授業を終えた。

❷ 「同じ形」で「倍比例」を意識させる

「比が等しい」ことを「倍比例」で説明さえることに重点に据えたとき，「同じが目に見え，実感できる」ことが大切な要素になると考える。

そこで，目に見える「図形」を比の導入の素材として用いることとした。すなわち，「同じ形」である。「同じ形」であることを，「倍比例」で説明する活動を仕組むことにしたのである。

具体的には，大きさや，形の違う，いくつかある長方形を「同じ形」を観点に「仲間作り」をするのであるが，提示した課題は次の通りである。

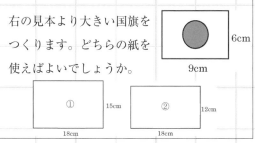

右の見本より大きい国旗をつくります。どちらの紙を使えばよいでしょうか。
6cm
9cm
① 15cm
18cm
② 12cm
18cm

この素材を用い，「何を同じとみるか」を明らかにしていく活動を通して，「倍比例」を根拠に「比」の意味を捉えさせていこうというのである。

子ども達は，①の「縦横の長さともに＋9cm」という「差による見方」（誤概念）と，②の「縦が2倍なら横の長さも2倍になる」という「倍比例による見方」（比の正しい概念）の2つの見方をし，この2つの妥当性を

議論する活動を通して，「どう仲間とみるか」を判断していった。

(1) 「倍比例」の意識化

倍の見方を用いる方が「同じ形」として相応しいという議論をさせる中で，数対をつくる活動が行われた。この活動を通して，比は比例関係を仮定とした際の考えであるということを意識していった。そして，その数対に共通する「縦：横＝2：3」に気づかせることで比の概念が形成されていった。

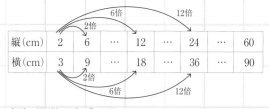

		2倍	6倍		12倍		
縦(cm)	2	6	…	12	…	24	…	60
横(cm)	3	9	…	18	…	36	…	90

(2) 視覚で実感する

「同じ」を視覚で実感すべく，実際に倍の見方と差の見方それぞれで幾つかの図を作り，並べてみた。

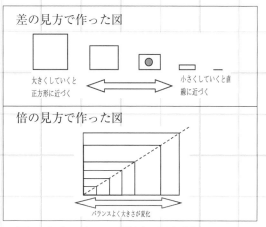

差の見方で作った図
大きくしていくと正方形に近づく ⟷ 小さくしていくと直線に近づく

倍の見方で作った図
バランスよく大きさが変化

図で表すことで，「差」は形が変わってしまうが，「倍」は縦と横のバランスが変わらないと，「同じ」を視覚で実感していた。

このように，「同じ形」を「倍比例」を根拠に説明し，比の概念を形成していった。

比例的に考える
場面が表れる
中学校の実践事例

筑波大学附属中学校　小石沢勝之

❶ はじめに

　小学校で学習する比例的な考え方や比例的推論は，中学校でも様々な場面で現れる。関数領域ではもちろんのこと，他領域においても，比例的に考える場面は多い。特に，「x が2倍，3倍，…になると，y も2倍，3倍…になる」という倍比例の考え方は基本的なものである。中学校では，比例について商が一定であるとする $\frac{y}{x} = a$ や，式による定義である $y = ax$ よって比例の概念を拡張させるが，本稿では小学校で学習した倍比例に伴う比例的な考え方を素地として，特に関数領域でない場面で用いられる比例的な考え方に焦点を当てて事例を検討する。

❷ 図形領域と数と式領域における比例
　的に考える場面

（1）おうぎ形の弧の長さと面積

　中学校の平面図形の学習では，おうぎ形の弧の長さや面積の関係について学習する。同一の円の弧の長さと面積がその中心角の大きさに比例することを理解し，おうぎ形の弧の長さや面積を求めることができるようになることを目指すものである。他方，面積や弧の長さに関する式を公式として形式的に扱うのではなく，その求め方を丁寧に指導することが大切であり，その際，比例的に考える場面が現れる。半径の長さを r，中心角の大きさを $a°$ とするおうぎ形を考えると，下のような表をつくり，関数的に考えることができる。

中心角	1°	$a°$	360°
弧の長さ	$2\pi r \times \frac{1}{360}$	$2\pi r \times \frac{a}{360}$	$2\pi r$
面積	$\pi r^2 \times \frac{1}{360}$	$\pi r^2 \times \frac{a}{360}$	πr^2

・中心角が360°のおうぎ形（円）から中心角が1°のおうぎ形を考える（$\frac{1}{360}$ 倍する）
・中心角が1°のおうぎ形から中心角が $a°$ のおうぎ形を考える（a 倍する）

　比例的に考えることができれば，比例式を用いて考えることもできる。すなわち，弧の長さと中心角の大きさの関係，面積と中心角の大きさの関係を比例式で捉えることができ，円とおうぎ形を相対的に見ることにもつながる。すなわち，

　（おうぎ形の弧の長さ）：（円周の長さ）

＝（おうぎ形の面積）：（円の面積）

＝ $a : 360$

となる。

(2) 平方根の大小関係

「$\sqrt{72.5}$は、8と9のどちらに近いか」という問題を生徒に投げかけると、直観的に半数程度の生徒が「8と9の真ん中」と答えてくれて、教室内で様々な議論が交わされることが多い。実際には、$8^2 = 64$、$8.5^2 = 72.25$、$9^2 = 81$であるため、9に近いのであるが、このような誤りはなぜ生じるのであろうか。この問いに対する生徒の考え方としては、次のようなものが考えられる。

・$8^2 = 64$、$9^2 = 81$より、$(64 + 81) \div 2 = 72.5$

　　→8と9の真ん中

・$72.5 - 64 = 8.5$、$81 - 72.5 = 8.5$

　　→8と9の真ん中

・電卓を使用すると、$\sqrt{72.5} = 8.51469\cdots$

　　→9に近い

・$8.5^2 = 72.25 < 72.5$

　　→9に近い

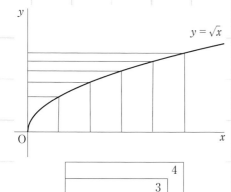

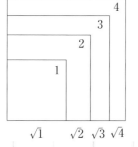

比例の考えの概念の拡張は、線形性（$f(x+y) = f(x) + f(y)$、$f(ax) = af(x)$）である。比例の場合、x軸上の区間の中点とそれに対応するy軸上の区間の中点は一致するが、比例場面でのみ成り立つこの考え方を無意識的に拡張することで上記の誤りは生じる。グラフや面積図で考えると、誤りに気付きやすい。$y = \sqrt{x}$のグラフでは、xは等間隔であってもyは等間隔ではなく、倍比例の考え方がグラフに適用できず、違和感に気付く契機となる。比例的に考えることで多くの成功的な問題解決を経験しているからこそ、生徒から発せられる上記の誤りは自然なものと捉えることができる。比例的な考え方を用いていつもうまくいくとは限らない。うまくいかない（概念を拡張できない）場面を経験することで、生徒は自ら問いを発し、他者との数学的な議論を始める。

❸ おわりに

比例的に考える場面は、関数領域に限らず、数学の様々な場面で現れる。小学校で学習している内容が基盤となり、中学校では比例を式で再定義し、変化や対応に関する見方や考え方を改めて学習する。このような経験の豊富さが関数領域でない場面で生かされる。合わせて、既習の内容を未習の場面に生かすことで、誤った考えが表出したとしてもそれを基に新たな問いを抱き、数学の議論を始めることになる。このような学習は未習場面への問いに対する自力解決と練り上げを伴う問題解決学習の基盤であり、小学校算数科での問題解決学習の経験が生きる場面でもある。

体積の意味理解を深める比例の考え
―Ａ４用紙１枚の体積を求める問題解決―

田中　英海

1 体積の求積公式の指導

　第５学年で学ぶ直方体や立方体の体積は，１辺１cmの単位立方体（１cm³）がいくつ入るかを考えて，体積を数値化する。例えば，縦３cm，横３cm，高さ２cmの直方体において１cm³がいくつあるかを求めるには，縦，横，高さの３方向に単位立方体がいくつあるかを考えればよい。これは縦・横・高さの長さ（cm）と数値上一致する。単位立方体を数える過程は，辺の長さを掛け合わせる計算と同じといえるため「直方体の体積＝縦×横×高さ」という公式ができる。第６学年ではこれらを既習として，考察の対象を角柱へと広げる。底面が三角形の角柱は，等積変形によって平行四辺形を経て長方形に帰着できる。単位立方体を数える５年の考え方から，高さ１cmの体積（底体積とよぶ）に着目すれば，底体積×何段で体積が求められることを見いだせる。高さ１cmの体積が何段あるか考える過程は，面積に高さをかけ合わせる計算と同じといえるので，「柱体の体積＝底面積×高さ」という公式ができる。

2 比例の考えを活かす教材開発

　１段目の立方体の数や底体積が何段あるかを考える過程は，「高さが□倍になると，高さ１cmの体積も□倍になる」と考えること

であり，比例が背景にある。一方，「底面積×高さ」は，立体の性質と積分の概念に基づいている。教科書には，「直径が10cm厚さ0.8cmの円の形をしたコースターがあります。このコースターを10枚重ねて円柱の形にしました。この円柱の体積を求めましょう。」という問題やその素地とする見方が下のように

（学校図書『みんなで学ぶ算数６』p.121，124より）

示されている。

　このように，薄い紙を重ねていくイメージで「底面積×高さ」という公式につなげている。一方で，単位立方体の個数や底面積×何段の背景にある比例の考えとのつながりや，重ねていくイメージのもたせ方については，指導改善の余地がある。

　また，続く「比例」の単元では，紙の束の枚数を予想する教材を教科書６社が扱っている。重さや厚さが枚数に比例することを仮定したり活用したりして枚数を求めるが，体積については，扱っていない。そこで，体積の学習の中で比例の考えを顕在化させると共に，立体の性質や積分のイメージをもたせるために，紙１枚の体積を求める授業を考えた。以下のような単元計画で実施した。

【角柱や立体の体積】（）は時数

【比例と反比例】

3　授業の実際と分析

（1）　問題把握

　導入でA4の用紙を1枚ずつ配り，「A4の紙1枚 □□□□ は何 □□□ ですか。」と板書した。子どもたちは，紙を見ながら，□□□□ の中に入る量として，縦の長さと面積をあげた。どうすれば求められるかを聞くと，縦の長さは計れば何cmが分かること，面積は縦×横をすると cm²が求められることが確認できた。「考えたことがないことを考えてみよう。」と投げかけると，前時までの体積の学習を想起し「体積もいける」とつぶやきが広がってきた。そこで，「体積は何 cm²」と □□ の枠に書き込み，問題とした。

　体積に対しては，驚きと共に「え？無理！」「なんで？」という反応があった。一方で「できる！」「体積はあるよ」という声も少数あった。そこで「え！？」と板書をし，困惑への共感的な理解を促すために，体積についてペアで話す時間をとった。そして困惑していた子を指名し，「（紙は）立体じゃないから，体積は求められない。0.1mmも厚さがない」という発言を引き出した。これに対して共感の声が上がった。紙が平面というイメージは，子どもだけでなく大人ももってい

るだろう。

　一方，「例えば1000枚くらい重なった時に，厚さが0cmになることはないと思うので，一応厚さはあると思う。その高さがどうやって出せるのかっていうのが問題だと思う。定規じゃ出せない」という発言を経て，「こんな何cmとか定規で計れない部分の体積を求めたら，どうなるんだろう？」「どうしたら測れるんだろう？」という問いを全体に共有していった。

　こうしたやりとりで，解決の見通しをもったつぶやきが広がってきた。「1枚でもちょっとしかないけれど，さすがに1000枚重ねたら1cmにはなる。そこで体積を出す方法もあるけれど，最終的には1枚の高さも分かればいいから，1000枚集めた中で÷1000をすると体積を求められる」という発言で，高さを求める見通しが共有された。比例という言葉は出ていないが，高さや体積は紙の枚数に比例していることをつかんでいる発話といえる。一方，「正確じゃない」というつぶやきもあった。「なんで1000枚重ねたら1cmなの？÷1000したらさ……」というつぶやきには比例的推論は働いていない，もしくは比例で解決できないと捉えていることが窺える。実際に考察する中で，つかんでいけばよいと考え，正確さについては後で議論することにした。

　また，先に高さを決めて，その枚数を数えるという考えや「1000枚数えるのは現実的ではないので，紙を折って，1回折ると2倍，6回折ると64倍になる，7回で128倍……折っていくと厚みが出てそれを割る」という考

えも出た。折る意見に対しては，「折っていくと間に空間ができる」「それは正確じゃない」という意見も出た。

（2）自力解決の反応

　自力解決の前に500枚の紙の束を見せると，始めから束を使う方が，枚数がはっきりしているため簡単という見通しをもった子もいた。自力解決は次のような反応であった。

・500枚の束の体積を求めて÷500
・1000枚の束の体積を求めて÷1000
・500枚や1000枚の束の高さから，1枚の高さを求める
・高さ1cmの枚数を数え1枚の高さを求める
・折り畳んだ高さを測り，重なりを等分する

（3）検討Ⅰ

　始めにグループで求めた1枚の体積を確認するとおよそ5〜5.5cm³の範囲になった。

【グループ1：500枚の体積を求める】

　500枚の高さを測ると4.3cmだった。A4の縦横の長さから面積は21［cm］×30［cm］で，500枚の体積は$21×30×4.3=2709$［cm³］となり，1枚の体積は$2709÷500=5.418$［cm³］になった。

【グループ2：1枚分の高さを求める】

　500枚の高さは4.4cmで，グループごとに実測をさせたのでグループ1と0.1cmの誤差

があった。1枚分の高さは，$4.4÷500=0.0088$cmとなった。

　求めた1枚分の高さ0.0088cmに対して，「ちなみに何mmか分かっている？」と問い返した。小数点以下を割り進み続ける姿や切り捨てをしない姿は，数の表す具体をイメージしていないようにも思えるからだ。0.0088cmを0.088mmと確認したことで，1mmの$\frac{1}{10}$よりも薄いことをイメージさせた。そして，$21×29.7×0.00088=5.48856$［cm³］と体積を計算した。

　方法や実測した数値は違うが，A4用紙1枚の体積は，およそ5cm³であることが共有された。また，5.4cm³の体積を1cm³のキューブでイメージさせ，A4 1枚の紙がキューブ5個くらいあることを共有した。

　本時の大事な考え方を振り返らせると「高さを平均して求めている」という意見が出た。体積や高さを平均して計算することは，背後に比例を仮定している。しかし，この時間では「比例」という言葉は出てこなかった。

（4）検討Ⅱ（次時）

　前時で発表されなかった方法の検討を行った。1000枚の高さを，紙の間に空気があるため押しつぶして8.4cmと測り，1枚の高さは0.0084cmと求めた。A4用紙210［mm］×297［mm］＝623.7［cm²］を調べて$623.7×0.0084=5.23908$［cm³］と計算した。

　ここで体積と枚数の比例関係に着目させるために「つまり1000枚と1枚の関係は，何を考えていたの？」と発問した。すると，「高さを測れないから立体にできない。高さが分

かるように作ればいい」「1枚の時じゃ定規で測れないから，1000倍して測れる高さにして，それを1000で割ればいい」という意見が出た。「紙は平面なの？」と確認すると，「紙は実体があるから立体」という反応があった。高さや体積を導き出したプロセスを振り返ったことで，平面と立体のつながりを乗除の関係で解決したことを確認することができた。

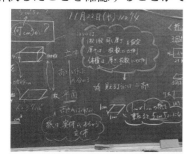

さらに「÷1000していい理由，前提は何？」を問うと「1枚1枚同じ厚さ」という発言から「比例を仮定している」という反応が出た。「何は何に比例しているのか？」を問い返すと「厚さは枚数に比例している」「体積は厚さ，枚数に比例している」と二量の関係を確認できた。これらの比例を仮定して高さを測定し，等分していたことを押さえた。

最後に紙を折って高さを求めた考えが発表された。発表の冒頭で誤差が出てしまうと述べ，3回折って大体0.1cmは8枚の重なりがあるから，$21 \times 29.4 \times 0.1 \div 8 = 7.7175$ [cm^3] となった。他のグループの5cm^{3}からは少し外れていた。折り重ねを減らしたり，厚みの違いを平均したりして誤差を減らそうと試みていた。

（5）A4の用紙を切って重ねる活動

その後，A4の用紙の体積は本当に約5cm^{2}なのか確かめる活動を行った。1cm×1cmのマス目を印刷したA4の紙を配布し，グループで分担して，1cm×1cmに切り分けた正方形を重ねたり，1×5＝5［cm^2］の紙を重ねたりした。写真のようにだんだんと厚みが出て，A4の紙は約5cm^{2}であることを実感していった。

5 実践を振り返って

紙は比例が内在しているため，仮定していることに気付きにくいともいえる。しかし，次時の円柱の体積を求める時間では，底面積×高さ，底体積×高さの計算の理由に，体積は高さに比例することを仮定として説明していた。紙1枚の体積の問題解決によって，角柱や円柱の体積を求める計算の背景にある比例の考えをより意識させることができたといえる。また「比例・反比例」の第1時では，厚みや重さだけでなく体積も生かす考えも出た。3つの量のそれぞれで枚数を予想し比べたことで，より正確に枚数を求めるためには，正確な測量ができる重さがよいという意見もあった。また，伴って変わる二量に着目し，比例を仮定すれば問題解決できるよさにも気付くことができた。比例を仮定する解決，活用する実際の活動を組み合わせることで，比例についての理解も深まったと考える。

ⓔ 編集後記
editor's note

◆「『比例的に考える』子どもを育てる」というテーマは，編集担当である私自身がしっかりと学びたいという思いも詰まっている。5，6年の単元で出てくる「比例」や「比例・反比例」だけではなく，他の内容の授業をしているときに，子どもたちの考えを聞いていると，「比例的に考えているな」と思うことがある。できれば意図的にしくんでみたいが，そうでないときがある。本号では，2年から6年までの授業実践が載せてある。ここに書かれている実践を読んでいると，自分が授業をするときに，もっと意識して「比例的に考える」場面を入れないといけないと思った。どれも今後に活きる実践である。

◆イギリスで「比例的推論」について，現地の先生方に話をするという機会をいただいた。しかし，私の拙い実践には，それを裏付ける理論が足りていないと感じた。そこで思い切って，高橋丈夫先生に「比例的推論」についてご教示いただきたい旨を伝えた。大変ご多用の中，高橋先生は時間を捻出してくださり，2時間あまり，熱く「比例的推論」について語ってくださった。山口から東京へ出てきて，このように他校の先生にしていただいたのは初めてで，とてもうれしかった。感謝の気持ちでいっぱいである。本号には「比例的推論」について，熱く語ってくださる方々の原稿ばかりが載っている。この一冊が，読者の方の理論を深めることはまちがいないと思っている。そして，人と人をつなげる一冊にもなってほしいと願っている。

（森本隆史）

ⓝ 次号予告
next issue　　　　　　　No.152

特集　子どもを算数好きに育てるコツ

「答えが出せるから算数が好き！」という子どもがいれば，「計算ができないから算数嫌い」という子どもがいます。また，難しい問題でも「考えることが楽しい」という子どもがいれば，「方法が思いつかないから算数は嫌い」という子どもがいます。どうしたら，どの子どもにも算数が楽しい，算数が好きと思ってもらえるのでしょう。

「個別最適な学び」「自己調整学習」など，様々な教育改革のキーワードが飛び交う昨今ですが，やはり算数教育の根幹は，子どもを「算数好き」にすることだと考えます。

本号では，そんな算数教育の原点に立ち返り，『子どもを算数好きに育てるコツ』と題し，特集を組むことにしました。お楽しみに！

ⓢ 定期購読
subscription

『算数授業研究』誌は，続けてご購読いただけるとお得になる年間定期購読もご用意しております。

■ 年間購読（6冊）5,292円（税込）
　［本誌10%引き！　送料無料！］

■ 都度課金（1冊）980円（税込）
　［送料無料！］

お申込詳細は，弊社ホームページをご参照ください。定期購読についてのお問い合わせは，弊社営業部まで（頁下部に連絡先記載）。　https://www.toyokan.co.jp/

算数授業研究 No.151
2024年3月31日発行

企画・編集／筑波大学附属小学校算数研究部
発　行　者／錦織圭之介
発　行　所／株式会社 東洋館出版社
　　〒101-0054　東京都千代田区神田錦町2丁目9番1号
　　　　　　　　　コンフォール安田ビル2階
　　　電話　03-6778-4343（代　表）
　　　　　　03-6778-7278（営業部）
　　　振替　00180-7-96823
　　　URL　https://www.toyokan.co.jp

印刷・製本／藤原印刷株式会社
ISBN 978-4-491-05488-9　Printed in Japan

見やすい二色刷り

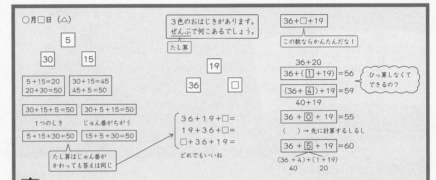

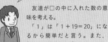

各巻1本の授業動画付

1年(上) 中田 寿幸 「とけい」第2時

2年(上) 山本 良和 「たし算」第11時

3年(上) 夏坂 哲志 「わり算」第10時

4年(上) 大野 桂 「倍の見方」第1時

5年(上) 盛山 隆雄 「小数のわり算」第1時

6年(上) 尾﨑 正彦 「対称な図形」第1時
関西大学 初等部 教諭